I0134071

Guillén de Castro

El curioso
impertinente

Barcelona 2024
Linkgua-ediciones.com

Créditos

Título original: El curioso impertinente.

© 2024, Red ediciones S.L.

e-mail: info@linkgua.com

Diseño de cubierta: Michel Mallard.

ISBN tapa dura: 978-84-9897-364-8.
ISBN rústica: 978-84-9816-250-9.
ISBN ebook: 978-84-9897-051-7.

Cualquier forma de reproducción, distribución, comunicación pública o transformación de esta obra solo puede ser realizada con la autorización de sus titulares, salvo excepción prevista por la ley. Diríjase a CEDRO (Centro Español de Derechos Reprográficos, www.cedro.org) si necesita fotocopiar, escanear o hacer copias digitales de algún fragmento de esta obra.

Sumario

Brevísima presentación

La vida

Guillén de Castro (Valencia, 1569-Madrid, 1631). España.

Fue capitán de caballería, gobernador de Scigliano en Nápoles y en Madrid secretario del marqués de Peñafiel. Muy cercano a Lope de Vega, formó parte de la Academia de los nocturnos, la única academia que publicó en actas los poemas discutidos durante sus reuniones semanales y que radicó en Valencia entre 1591 y 1593.

El teatro de Guillén de Castro se caracteriza por su técnica sobria y una hábil versificación, el drama psicológico y la complejidad emotiva. Guillén de Castro murió en la pobreza.

La fuente argumental de este relato viene del Orlando furioso de Ariosto. Considerada una novela dentro del Quijote, también Cervantes contó la obsesión de Anselmo en probar que su esposa Camila le es fiel.

Personajes

Algunos alabarderos
Algunos criados
Anselmo, caballero
Ascanio, padre de Camila
Belucha, criada
Camila, dama
Claudia, criada
Culebro, español
Dos criados de Anselmo
Dos pajes
El duque de Florencia
Camarero del duque
Julia, criada
La duquesa
Leonela, su criada
Torcato
Tres músicos
Gente que oye la música
Un bailarín

Jornada primera

(Salen los Músicos y cantan este romance.)

Músicos   «Amor que me quita el sueño
para rendirme sin él,
aunque me le pintan niño
gigante debe de ser.»

(Abren la ventana y aparecen el Duque y la Duquesa de Florencia, Camila, dama, y un Camarero del Duque y salen por una puerta Lotario y Torcato, que son los que dan la música, y por otra puerta algunos que salen a oírla, y prosiguen los Músicos cantando.)

«Los minutos de las horas
he contado desde ayer,
y con todo, a las estrellas
les pregunto qué hora es.
¡Qué bueno va el pensamiento
en castigo de que fue
a tus ojos atrevido
y a mis entrañas cruel!
Turbado sube a tu cielo,
y temeroso también,
que el no acertar a subir
es comenzar a caer.
Favor, señora, piedad,
pues en los aires lo ves,
y un cabello de los tuyos
su escalera puede ser.
Abre esas puertas divinas,
que bien puede merecer
quien gradas de cielo pide
que en grados de gracia esté.»

(Dicen los que oyen la Música.)

Unos	¡Oh, qué bien!
Duque	Bien han cantado.
Duquesa	Gusto me ha dado infinito.
Lotario	¿Qué decís del romancito?
Torcato	¿Es vuestro?
Lotario (Aparte.)	¿Qué enamorado no es poeta? (¡Ay, bellos soles!)
Torcato	¡Qué propio estilo de amantes!
Duque	¿Y quién son?
Camarero	Representantes españoles.
Duque	¡Y españoles!
Duquesa	Y como en Italia están dan gusto.
Camarero	A todos le han dado. En Roma han representado, en Nápoles y en Milán, y asombra su gentileza, pero no es mucho que asombre con las comedias de un hombre

	monstruo de naturaleza.
Duque	¿Es Lope?
Camarero	En él has caído sin habértele nombrado.
Duque	Por el nombre que le has dado es de todos conocido.
Camarero	Que parezcan en España bien, las comedias de allá, no es mucho, pero que acá asombren, es cosa extraña. No sé cómo a oírlas vienen, con tal concurso y silencio, adonde Plauto y Terencio tan grandes amigos tienen.
Duque	¿Dirás que son imperfetas porque al arte contradicen?
Camarero	Sí, señor.
Duque	Por eso dicen que son locos los poetas. Ven acá. Si examinadas las comedias, con razón en las repúblicas son admitidas y estimadas, y es su fin el procurar que las oiga un pueblo entero, dando al sabio y al grosero qué reír y qué gustar,

¿parécete discreción
el buscar y el prevenir
más arte que conseguir
el fin para que ellas son?
    ¡Bueno es que Plauto difunto
nos dé ley en su Alcorán!
Sin duda en España están
estas cosas en su punto.
    Sin duda allí se acrisola,
sin melindres de poesía,
la gala, la argentería,
de la agudeza española.
    Representa un español
un galán enamorado,
y parece en el tablado
como en el oriente el Sol.
    Hace un rey con tal efeto
que me parece al de España,
de suerte que a mí me engaña
y obliga a tener respeto.
    Pues sale como el aurora
la que hace reina o princesa,
y —¡por Dios!— que la duquesa
no parece tan señora.
    Los españoles merecen
por sus comedias, por ellos,
tanto oírlas como vellos,
pues con todo gusto ofrecen.
    Lo que importa es prevenirlas,
los que vinieren a verlas,
ingenio para entenderlas
y prudencia para oírlas.
    Porque merezcan también
silencio, yo al menos siento

que es de mal entendimiento
quien no las escucha bien.

Camarero   Pues los bailes y las danzas
que hacen tañendo y cantando,
ya bailando, ya danzando
con variedad de mudanzas,
    es extremo.

Duque   Pues la Luna
nos da su luz para vellos,
diles que bailen.

Camarero   Con ellos
hablaré.

Lotario   De mi fortuna
he fiado.

Torcato   Bien has hecho.
Ella te hará su marido.

Camila (Aparte.)   (A Lotario he conocido.
¿Qué mucho, si está en mi pecho?)

Camarero   ¡Ce! ¿Oyen? Manda su alteza
que se baile.

Lotario   ¿El duque? Luego
él lo manda y yo lo ruego.

(Un Bailarín que saltó con los músicos dice.)

Bailarín   Alto, pues. Con la presteza

	disculparé el no saber bailar como yo quisiera.
Músico I	¿Traes castañetas?
Bailarín	Espera ¿Pues no las he de traer? Pero ¿solo, he de bailar?
Músico	La guitarra dejar puedo. Bailemos.
Lotario	Con deuda quedo que no la podré pagar.

(Cantan los Músicos y bailan entre tanto el Bailarín y otro.)

| Músicos | «Huyen las tinieblas
del alba gentil,
porque salga riendo
de verlas huir.
    La cobarde noche,
que no ve lucir
su Luna y estrellas
y tus ojos sí,
    como, de turbada,
no puede advertir
que está en su principio,
recela su fin.
    Huyen las tinieblas
del alba y de ti,
porque salga riendo
de verlas lucir.
    De tu cielo hermoso |

es alba, al salir,
su rostro divino
de nieve y carmín,
   y cuando por señas
puedo presumir
que amanece solo
para verme a mí,
   huyen mis desdichas
que en tinieblas vi,
porque salga riendo
de verlas huir.»

(Acaban de cantar.)

Duque   Gran donaire, mucha gala.

Uno   ¿Qué os parece?

Otro   A maravilla.

Lotario   Buena ha sido la letrilla.

Músicos   Perdonad si ha sido mala.

Duque   ¿Qué te parece, Camila?

Camila   Muy bien.

Duquesa   Con mucha razón.

Camila (Aparte.)   (Y tanto que el corazón
tiernas lágrimas destila.
   Efetos del tierno amor
con que a mi Lotario adoro.

De alegre y contenta lloro.)

Músicos	¿Mandáisnos algo, señor?

Lotario   Al fin la música ha sido,
como la causa, extremada.
Yo seré, en vuestra posada,
a mostrarme agradecido.

Músicos   Haréisnos de muchos modos
mercedes.

Lotario   Irán con vos
mis criados.

Músicos   Guárdeos Dios.

Uno   Ya se van.

Otro   Vámonos todos.

Duque   Es hora ya, vamos, pues.

Camila (Aparte.)   (Mi Lotario, Dios te guarde.)

Duquesa   Imagino que ya es tarde.

Camila   Para cenar ya lo es.

(Vanse los Músicos y los que la oían, y éntranse de la ventana el Duque, la Duquesa y el Camarero. Camila, cerrándola, dice estos tres versos.)

Camila (Aparte.)   (Con qué amoroso cuidado
he quedado, aunque tu amor

disimulo. ¡Ay, santo honor!)

(Vase Camila.)

Lotario
    Ya la ventana han cerrado.
    Ya de mi gusto las puertas
se cierran. Ya mi pasión
las alas del corazón
solamente deja abiertas.
    Fuese mi luz soberana,
agora sí es noche oscura;
no hay piedra de sepultura
más cruel que una ventana
    para un hombre que se halla
muerto de amor al sufrirla.

Torcato
    Lo que de gloria al abrirla,
dará de pena al cerralla.

Lotario
    Amigo, mi Sol se ha puesto,
loco estoy, ciego y confuso.

Torcato
    Pues este Sol que se puso
se pondrá en tus brazos presto,
    ¿qué te afliges?

Lotario
             Si pensara
que eso tan presto no fuera,
si en tus brazos no muriera
con mis manos me matara.

Torcato
    Bueno está, pasito, ten,
¡sobrado a Camila quieres!

Lotario	Es honra de las mujeres,
	y afrenta suya también.
	El buen trato y el buen celo
	de su honor, a quien consagro
	toda el alma, es un milagro
	que esparce glorias del cielo.
	En tres años que la adora
	mi pecho, puede saber
	que es ángel en que es mujer
	que, desdeñando, enamora.
Torcato	Pues ¿tan poco andado tienes
	en sus amores?
Lotario	¡Oh amigo!
	Has de saber que conmigo
	son fingidos sus desdenes,
	y esto me obliga a perderme
	por ella que, en su desdén,
	muestra que me quiere bien,
	y disimula el quererme.
	Y como todo es recato
	de su honor, echo de ver
	que es buena para mujer
	una mujer de este trato.
Torcato	Si no quererte ha fingido,
	¿en qué has mirado mejor
	que te quiere?
Lotario	Es fuego amor,
	y jamás está escondido.
	Y cuando, entre sus despojos,
	el ver sus ojos me toca,

el recato de su boca
veo perderse en sus ojos.
    Sé también que ha procurado,
con disimulo, con tiento,
conclusión al casamiento,
con su padre concertado.

Torcato   ¿Y en qué está?

Lotario   Todo está llano,
yo soy el que lo entretengo,
por la obligación que tengo
de esperarle por la mano
    de Anselmo, mi grande amigo,
a quien de Génova espero,
cuyo gusto seguir quiero,
que es mi norte en cuanto sigo.

Torcato   No es cordura el dilatar
cosa que se estima tanto.
¿Y no temes que, entretanto,
se puede el viento mudar?
    Y si pareciese Anselmo
a tratar cosa tan grave,
como dicen que en la nave
suele aparecer Santelmo,
    ¿qué harás? Perder ocasión
no parece cosa cuerda.

Lotario   No dejaré, aunque la pierda,
de cumplir mi obligación.

Torcato   ¿Luego estimas su amistad
más que el amor de Camila?

Lotario	Sí, por cierto, y la aniquila quien dudare esta verdad.
Torcato	Desde agora la sublimo donde las estrellas ves.
Lotario	Quiero decirte cuál es, porque veas si la estimo.

Los padres de Anselmo y mío,
en compañía, trataban
sus grandiosas mercancías,
innumerables y varias,
no embargante que los dos
son de lo mejor de Italia,
donde, por costumbre antigua,
los más principales tratan.
Yo, al nacer, quedé sin madre,
murió mi padre en España,
adonde, en su testamento,
para mi tutor señala
al padre de Anselmo, y él,
con ternísimas entrañas,
recibiéndome en sus brazos,
de mi educación se encarga,
y fuimos Anselmo y yo,
con una igualdad extraña,
nacidos en una cuna,
criados en una cama,
sola una ama nos dio leche,
que no quisimos tomarla
él ni yo, prodigio grande,
de los pechos de otras amas.

Fuimos los dos a una escuela,
tuvimos los dos una alma,
aprendimos unas letras,
seguimos una esperanza.
Fueron, con la edad, creciendo,
a medida de las causas,
efetos innumerables
de correspondencia extraña.
Para los dos son comunes
las haciendas y las casas,
con ser la de Anselmo agora
de las más ricas de Italia.
Entre él y mí no hay secreto,
y ninguno de importancia
se ha visto de nuestras bocas
en las lenguas de la fama.
No hay engaño entre nosotros,
porque entre nosotros anda,
de ver la verdad desnuda,
la mentira avergonzada.
Nunca nos dimos disgusto
por obra ni por palabras,
ni aun por señas. Y encontrados
en los gustos veces varias,
jamás por mujer reñimos,
prueba de ser extremada
amistad que una mujer
a deshacerla no basta.
Mil veces puso la vida
en peligro por mi causa,
y yo por guardar la suya
me he visto muerto otras tantas.
En fin, es nuestra amistad
tan grande, que en toda Italia

los conformes, los amigos
por excelencia nos llaman.
Mira, pues, si estando Anselmo
en Génova, porque falta
tres años ha de Florencia,
y vendrá de hoy a mañana,
si es razón que yo le espere,
y con su gusto se haga
el mío dos veces grande,
si él le concluye y le trata.

Torcato (Aparte.)   Dices muy bien. (¡Ay de mí!
Si Anselmo viene, sin falta
he de perder este amigo,
que en mis pobrezas me ampara.
Yo haré poco, o he de ver
esta amistad acabada,
teniendo el primer lugar
en su pecho y en su casa.)

Lotario   Torcato, vamos. Adiós
paredes, rejas, ventanas,
cerradas para mis ojos
y abiertas para mi alma.
A mi Camila la envío,
que el menor resquicio basta
para meterse en los pechos
las almas enamoradas.
¿Si duerme mi bien agora?

Torcato   Y no menos que en la cama,
sobre mullidos colchones
y entre sábanas de holanda.

Lotario	¡Quién le hiciera compañía!

Torcato

Cuando fuera entre dos tablas,
fuera bueno.

Lotario

Tú te burlas
y a mí el pecho se me abrasa.

(Vanse. Salen el Duque y la Duquesa, y el Camarero con algunos criados, con sus toallas, como que acaban de darles de cenar.)

Camarero

¡Sillas, hola!

Duquesa

El trasnochar
moderado no condeno,
aunque digan que el cenar
tarde es malo.

Duque

Aquello es bueno
que se suele acostumbrar.
   La costumbre es poderosa
cuando a la larga la emplea
cuerpo o alma, en cualquier cosa,
y tanto que hasta una fea
hace parecer hermosa.

Duquesa

¿Qué es de Camila?

Camarero

Ya viene.

(Sale Camila.)

Duquesa

Salíos fuera.

Duque (Aparte.)   (¿Qué ha de ser
lo que mi mujer previene,
con llamar esta mujer
que tan sin alma me tiene?)

Duquesa   ¿Camila?

Camila   Señora mía.

Duque   Aquí, aquí puedes sentarte.

Duquesa   Levanta.

Duque (Aparte.)   (¡Ay, luz de mi día!)

Duquesa   Tu padre quiere casarte...

Duque (Aparte.)   (¡Ay, muerte de mi alegría!)

Duquesa   ...y de ti quiere saber
si te ofende o si te agrada
en esto.

Camila   Siendo mujer,
hija suya, y tu criada,
¿qué tengo de responder,
o qué voluntad tendré,
sin la vuestra?

Duquesa   Dices bien.

Duque (Aparte.)   (Muero de pena. ¿Qué haré?)

Duquesa   ¿No me preguntas con quién?

Camila	Yo, señora, ¿para qué? Si es que manda vuestra alteza, y mi padre, para mí eso basta.
Duque (Aparte.)	(¡Qué extrañeza!)
Duquesa	Pueden competir en ti el valor y la belleza.
Camila (Aparte.)	(Ya sé que Lotario es, a quien con el alma adoro.)
Duquesa	Vence en quilates al oro tu virtud.
Camila	Beso tus pies.
Duquesa	Yo la estimo.
Duque (Aparte.)	(Y yo la lloro.)
Duquesa	Y el duque, en esta ocasión, ha de hacer, por amor mío, lucida su estimación.
Camila	No menos que eso confío de su alteza.
Duque (Aparte.)	Y con razón. (¡Ay de mí! ¿Qué haré?) Yo quiero hacer que conozca el mundo que es tu prima, pues me fundo,

ya que no he sido el primero,
en ver si seré el segundo.
  Darela cien mil ducados
y este diamante, en señal
de que serán bien pagados.

Camila

En tu pecho liberal
están bien asegurados.
  Dame los pies.

Duquesa

                              Dame a mí
la mano.

Duque

                    Bueno es que ignores
que he de besártela a ti.
De tus joyas, las mejores
puedes darle.

Duquesa

                              Harelo así.

Duque

  Toma agora esta cadena
con esta cruz de diamantes.

Camila (Aparte.)

  (Para aprisionarme es buena.
Con dádivas semejantes
pide remedio a su pena,
  pero no le ha de tener
porque pesa más mi honor.)

Duquesa

  ¡Qué buena para mujer
es Camila! ¡Con qué honor,
con qué gusto lo ha de ser!

Duque

  ¡Con qué contento marido

26

logrará su pensamiento!

Camila   Para estarme agradecido,
cuando no esté muy contento,
sé que estará muy servido,
    porque es mi valor, en quien
fío, después de los cielos.

Duquesa   Eso creo yo, y también
que el no apretarle con celos
consiste en servirle bien.

Duque   Bien consejos sabéis dar,
pero vos, duquesa amada,
mal los supiste tomar.

Duquesa   De mis celos engañada
aprendo a desengañar.
    Tú, que mi escarmiento ves,
si quieres vivir en paz
ni los pidas ni los des,
que es apetito de agraz
que obliga a llorar después.

(Finge dormirse la Duquesa.)

Duque   Buena lición te ha leído
la duquesa.

Camila   Y de los cielos
en su boca ha parecido.

Duque   Mas ¿cómo, hablando de celos,
tan sin ellos se ha dormido?

Camila	Sueño ha sido bien extraño.
Duque	¿Dormís vos, duquesa mía? Ella duerme, o yo me engaño.
Duquesa (Aparte.)	(De mis sospechas querría dar alcance al desengaño.)
Duque	Pues ella cierra los ojos, ábrelos tú, para ser menos fiera a mis enojos.
Camila	Señor.
Duquesa (Aparte.)	(Ciega quiero ver lo ciego de tus antojos.)
Camila	¿Qué nueva ocasión he dado? ¿No está siempre mi decoro contrapuesto a tu cuidado?
Duque	Mi bien, gasta mi tesoro, señora, emplea mi estado, si con hacerlo remedio la vida, que he de acabar si a ser tuyo no me animo.
Camila	¿Con oro quieres comprar lo que con el alma estimo? ¿Tan poco estimas mi honor? Por ello te aborreciera, cuando te tuviera amor.

Duque	Quedo. Mi duquesa fuera quien lo tratara.
Duquesa (Aparte.)	(¡Ah, traidor!)
Camila	Si es que apoyas tus cuidados en que por dote me diste tus joyas y tus ducados, diversamente entendiste mis pensamientos.
Duquesa (Aparte.)	(¡Qué honrados!)
Camila	Toma, y verás hoy que tan en su punto están, que del oro que te doy nunca he sido piedra imán, y piedra de toque soy.
Duque	Camila, señora, paso, ya conozco tu valor, pero ¿qué haré, si me abraso en tus ojos y en tu amor? Montes subo y mares paso. Loco estoy. Dame siquiera la mano, y un alma tente si almas estimas. Espera.
Camila	Para esto solamente verás cómo soy ligera.

(Levántase y retírase Camila.)

¡Duque!

Duque	¡Camila!
Camila	Señor, advierta tu ciego antojo que mi sangre tiene honor, y que es antiguo despojo de nobleza.
Duque	Es ciego, Amor. Ciegos están mis enojos, ciega la noche, mi bien, y, por lograr mis antojos, hasta mi mujer también tiene cerrados los ojos.
Camila	Abriréselos.
Duque	¡Desvía!
Camila	¡Mi señora!
Duque	¡Cosa brava!
Duquesa	¿Qué hay, Camila?
Camila	¿Qué tenía vuestra alteza, que soñaba?
Duquesa	La pesadilla sería.
Camila	¡Jesús, qué extraña amargura de congoja y aflicción!

Duquesa	Fue el despertarme cordura.
Duque (Aparte.)	(¡Que pudo tal discreción juntarse a tal hermosura!)
Duquesa	Dormiré de aquí adelante con más cuidado que agora.
Duque (Aparte.)	(Esta mujer es diamante.)
Duquesa	Ven, Camila.
Camila	Voy, señora.
Duquesa	¡Cómo es ciego el que es amante!
Duque (Aparte.)	¿Qué decís, que no os entiendo? (Muriendo voy.)
Camila (Aparte.)	(Voy temblando.)
Duquesa	Que de vos voy conociendo que estáis más ciego velando que yo lo estuve durmiendo. Tú eres honrada mujer.
Camila	Tus pies beso.
Duque (Aparte.)	(Blanda cama me espera, pues he de arder en desdenes de mi dama y en celos de mi mujer.)

(Vanse. Salen Anselmo y dos criados.)

Anselmo	Avisa a Lotario. ¿Vas?
Criado I	Sí, señor.
Anselmo	¿Cómo no vuelas?

(Vase el Criado I.)

Quita, quita estas espuelas.

Criado II   ¿Y las botas?

Anselmo   Dejalás,
y veré misa primero,
pues tenemos, como ves,
cerca la iglesia, y despúes
ver a mi Lotario quiero.
     Prevénganme otro vestido,
mudareme.

Criado II   ¿Y no es mejor
descansar? Mira, señor,
qué de postas has corrido.

Anselmo   Pues no estoy, por vida mía,
muy cansado.

Criado II   Cosa es brava.

Anselmo   ¿No ves que no me cansaba
pensando a lo que venía?
     Y así corriendo y pensando
que a Lotario iba sirviendo,

como venía corriendo
quisiera venir volando,
   porque esta correspondencia
le debo de muchos modos.

Criado II   Con razón os llaman todos
                  amigos por excelencia.

Anselmo   Merece bien esos nombres
                  nuestro extremo de amistad.

(Sale Culebro, español.)

Culebro   ¡Oh infame necesidad,
                  a qué obligas a los hombres!
                     Cuando ofendes, cuando enfadas,
                  bien dicen que en ti no hay ley.
                  Mas—¡cuerpo de Dios!—si el rey
                  no paga las cuchilladas
                     y las paga un florentín,
                  un pobre español, ¿qué hará,
                  puesto que en Italia está
                  como en la tierra un delfín?

Anselmo   ¿Cómo no tocan a misa?

Criado II   Pues hartas suelen decir.

Anselmo   Ve. Cuando quieran salir
                  a decirla, ven y avisa.

Culebro (Aparte.)   (¿Qué es aquesto? ¿Si es aquél
                  a quien viene el sobrescrito?
                  ¡Bravo talle!, ¡gran delito!

Calle, casa, iglesia, y él
de camino... Él es, sin duda.
¡Qué gala!, ¡qué buena cara!)

Anselmo (Aparte.)   (A mirarme se repara.
De mil colores se muda
¿Qué puede este hombre querer?)

Culebro (Aparte.)   (Solos estamos los dos.
Lástima es darle, por Dios,
pero en efeto ha de ser.
Mas a extraños sentimientos
obligará ver partida
tal cara.)

Anselmo (Aparte.)   (No vi en mi vida
tan notables movimientos.)
Gentil hombre, ¿qué queréis?
¿Qué os detiene? ¿Qué os repara?

Culebro   Vengo a cortaros la cara,
mas pienso que no queréis.

Anselmo   Si vos me lo aconsejáis
podrá ser que yo lo quiera.

Culebro   Disparate grande fuera.

Anselmo   Bonísimo humor gastáis.
¿Quién sois? ¿Qué buena ventura
de esta suerte os ha traído?

Culebro   Luego, ¿no habéis conocido
por la pinta esta figura?

Anselmo	No sé de vos qué presuma, porque en la cuenta no caigo.
Culebro	¿Pues, no basta el ver que traigo poco pelo y mucha pluma para ver que soy soldado español, y que así estoy en Italia, donde soy bien venido y mal pagado?
Anselmo	Pues bien, ¿de mí qué queréis? Que os serviré es cosa clara.
Culebro	La mitad de vuestra cara, por lo menos, me debéis. Mirad qué puede valer y dádmelo de contado.
Anselmo	Donaire tiene el soldado.
Culebro	Vuestro al menos lo he de ser, y oídme que no os engaño, que a ofenderos he venido.
Anselmo	Pues ¿sin haber ofendido yo a ninguno?... ¡Caso extraño!
Culebro	A mí me llaman Culebro, y tengo, naturalmente, el discurso impertinente y casquivano el celebro. Y así, en diez años de Flandes, hice con gallardo efeto

cosas que en otro sujeto
parecer pudieran grandes,
   mas sucediome después,
por bien pequeña ocasión,
que di a uno un bofetón,
herí a siete y maté a tres.
   Salime imitando el viento,
fuime a Palermo, y allí,
en cuerpo de guardia di
con esta daga al sargento.
   Pasé a Nápoles, y en él,
al cabo de siete días,
por no sé qué niñerías,
requisitos de cuartel,
   molí a palos a un soldado.
Embarqueme, y de hambre muerto,
en Liorna tomé puerto,
y así en Florencia he llegado.
   Y no viendo en mi pobreza
forma alguna de que diesen
materia por quien subieran
vapores a la cabeza,
   vi un gentilhombre garbato,
que así los llamáis aquí,
mirome, llegose a mí,
y después de hablarme un rato
   indiferentes razones,
con astucia y gentileza
halló puerta a mi pobreza
para darla a sus traiciones.
   Díjome que me daría
chento escuti en plata pura,
porque hiciese una abertura
en vuestra cara.

Anselmo	¿En la mía?
Culebro	¿No sois Anselmo?
Anselmo	¿Esto pasa? Mi nombre negar no quiero.
Culebro	Y en esta calle, y frontero de una iglesia, vuestra casa. Estas señas imagino que me ha dado.
Anselmo	Y son las mías.
Culebro	Y que dentro de dos días llegarías de camino. Con ello llegué a esta calle para hacer lo que ofrecí, y, piadoso, cuando vi vuestra cara y vuestro talle, por Dios que me parecía, cuando el daros intentaba, que con la una mano os daba y con la otra os defendía. En fin, no pude emplear ejecución tan ruin, hicísteme sangre al fin, y no os la pude sacar. Y así, como os pareciese cosa justa, imaginaba que pues el otro me daba cien ducados porque os diese, que me deis vos la mitad

para que deje de daros;
que no es poco el ahorraros
los cincuenta.

Anselmo　　　　　　　　Así es verdad,
y vos habéis procedido
como piadoso y discreto,
y así yo, no solo aceto
tan provechoso partido,
　　pero si él os daba en plata
los cien ducados, en oro
os los doy. Tomad.

Culebro　　　　　　　　Adoro
quien tan bien procede y trata.

Anselmo　　　　　Y otros ducientos aquí
os ofrezco en un papel,
si volvéis a hacer en él
lo que él quiso hacer en mí.

Culebro　　　　　¿Pues a un hombre tan honrado
obligáis con interés
a esas cosas?

Anselmo　　　　　　　　Digo que es
el español extremado.

Culebro　　　　　Tú, pues riendo te estás,
poco debes saber
qué es tomar por no tener,
o tomar por tener más.
　　Por un ducado, sin nada,
haré cualquier cosa vil,

y con ciento, por cien mil,
no daré una cuchillada.
   Que tomar, cuando venía
tan sin blanca a esta ciudad,
fue entonces necesidad,
y agora vicio sería.
   Mas si por tu gentileza
quieres que al mundo trabuque,
¡voto a Cristo que al gran duque
le cortaré la cabeza!

Anselmo   Tu donaire y tu valor
tanto me obliga a estimarte,
que en mi casa has de quedarte,
si es que gustas.

Culebro   Sí, señor.

Anselmo   Pero dime, por tu vida,
pues son míos tus cuidados,
¿quién te daba cien ducados
porque me dieses la herida?

Culebro   ¡Por Dios que se me olvidaba!
Díjome que te dijese,
quien mandó que te la diese,
que Lotario te la daba.

Anselmo   ¿Quién?

Culebro   Lotario.

Anselmo   ¿Quién?

Culebro	Lotario,
	Lotario mil veces digo.

Anselmo	¿Que mi contrario es mi amigo?
	¿Que mi amigo es mi contrario?
	¡Válgame Dios! ¿Y qué haré?
	¡Válgame el cielo! ¿En qué he dado?
	¿Lotario de mí agraviado?
	¿Lotario de mí ofendido?
	¡Válgame, válgame Dios!
	¿Quién tal vio? ¿Quién tal pensara?
	¿Cortar me quiere la cara?
	¿Si piensa que tengo dos?

Culebro	Señor, ¿qué es esto? ¿A quién digo?
	¿Qué tienes?

Anselmo	¡Ay, cielo santo!
	Pero, ¿en esto dudo tanto?
	Español, soldado, amigo,
	toma, empuña dos espadas.
	Lotario, pues tú lo quieres,
	dame, da donde quisieres
	una y muchas cuchilladas.
	No tienes en qué dudar,
	podrasle después decir
	que las quise recibir
	porque él me las quiso dar.

Culebro	Por Dios, donoso presente
	para tal correspondencia.

Anselmo	¡Que tanto puede el ausencia,
	que no es amigo el ausente!

Mas—¡ay Dios! ¿Yo soy honrado?
¿Yo soy su amigo? ¿Yo he sido
quien de su espada he temido
y en su amistad he dudado?
    Con el primer movimiento
pude temer y dudar,
pero en dándole lugar
el discurso, el pensamiento
    Ya considero, ya sé
que no te han dicho verdad,
y que ofendo su amistad
si pongo en duda su fe.
    Español, Lotario es hombre
que no le iguala ninguno.
Tú te engañaste o alguno
se ha valido de su nombre,
    para hacer esta traición.

Culebro   Eso todo puede ser,
                     mas para hacértelo ver
                     no nos faltará ocasión.
                         ¿Quién viene?

Anselmo   No sé quién sea,
                     pero el gran duque será,
                     que en esta iglesia querrá
                     ver misa. Sí, ya se apea.

Culebro   De hermosura y de valor
                     viene bien acompañado.

Anselmo   A esta puerta y a este lado
                     podremos verlo mejor.

(Salen Lotario y Torcato delante, luego acompañamiento, el Duque y Duquesa, Camila, dama, y Leonela, su criada.)

Torcato   ¿Que Anselmo ha venido?

Lotario   Y yo
                                 muero por verle y hablarle.
                                 Iremos luego a buscarle.

Torcato (Aparte.)   (Si el español lo encontró,
                                 yo aseguro que lo emprenda,
                                 dándole mis señas luz.)

(Culebro habla a un lado con Anselmo.)

Culebro   Quien te enviaba la cruz
                                 y me fío la encomienda
                                 es el uno de los dos.

Anselmo   ¿Cuáles dices? ¿Dónde están?

Culebro   Los que delanteros van.

Anselmo   ¿Cuál de ellos? ¡Válgame Dios!

Culebro   Aquel del izquierdo lado.

Anselmo   Eso sí, que estuve muerto.
                                 El otro es Lotario.

Culebro   ¿Cierto?
                                 ¿Luego yo he sido engañado?
                                 ¡Pues por vida!

Anselmo	Calla agora.
Duque	De esta iglesia la portada es digna de ser mirada.
Duquesa	¿No es muy bella?
Camila	Sí, señora.
Anselmo	Y este cielo puede ser de la tierra admiración.
Lotario	Bellos ojos.
Torcato	Bellos son.
Anselmo	¿Si es ángel o si es mujer?
Lotario	¿No es Camila muy hermosa?
Anselmo	¡Jesús, qué extraña hermosura!
Duque	Es notable arquitectura.
Duquesa	¿No es muy extraña?
Camila (Aparte.)	Es famosa. (¡Ay, Lotario de mi alma!)
Lotario (Aparte.)	(¡Ay, Camila de mi vida!)
Culebro	¡Ce!
Torcato	¡Amigo!

Culebro   Ven.

Torcato   ¡Brava herida!

(Vanse todos, sino Anselmo.)

Anselmo   ¿Quién me deja en esta calma?
                    Fuego es éste, rayo ha sido,
                  y puedo haberlo pensado
                  en que tan presto ha llegado,
                  y en que del cielo ha venido.
                    ¡Oh mujer! ¡Oh bellos ojos!
                  ¡Oh ángel de nieve pura!
                  ¡Oh soberana hermosura!
                  ¡Oh celestiales despojos!
                    ¿Qué hechizo es éste, qué encanto
                  que me tiene ciego y loco?
                  ¿Y cómo en tiempo tan poco
                  puede un hombre querer tanto?
                    Mas quiero volverla a ver.

(Sale Lotario de la iglesia.)

Lotario   ¿Adónde con tanto brío?

Anselmo   Solo tú, Lotario mío,
                  me pudieras detener.

Lotario   Mil abrazos te prevengo.

Anselmo   Mil gracias doy a mi suerte.

Lotario   ¿Cómo vienes?

Anselmo	Vengo a verte, que es decir que bueno vengo. ¡Qué hambre traigo de hablarte!
Lotario	Yo la tengo de servirte, con mil cosas que decirte más despacio en otra parte. Mas dime, ¿qué te llevaba agora con tanta prisa?
Anselmo	En este templo a ver misa entraba... pero no entraba sino a ver... Pues que contigo nunca he tenido secreto, escucha un extraño efeto.
Lotario	Ya te escucho, di.
Anselmo	Ya digo. Entre aquellas damas bellas que la duquesa traía, una vi que al alma mía pudo parecerle, entre ellas, como entre estrellas la Luna.
Lotario	¿La que junto a la duquesa iba?
Anselmo	Sí.
Lotario (Aparte.)	(Camila es ésa.)
Anselmo	Y yo sospecho...

Lotario (Aparte.)   (¡Ay, Fortuna!)

Anselmo   ...que en aquel punto reinaba
algún planeta que en mí
pudo tanto, que me vi
ciego y loco.

Lotario   ¡Cosa brava!

Anselmo   Sentí gloria en los antojos
con quien me entretuve al verla,
y quedé muerto, al perderla,
no del alma, de los ojos.
   Y entraba ciego y perdido
a verla, cuando saliste,
y con que te vi y me viste,
que era el gusto pretendido,
   estoy tal, que yo me espanto
de ver, con mi ciego ardor,
que un disparate de amor
en tan poco pueda tanto.

Lotario   ¡Yo soy muerto!

Anselmo   ¿Qué ocasión
te ha ofendido y te ha obligado?
¿Qué tienes?

Lotario   Hanse parado
las alas del corazón,
   y quiéroselas cortar,
pues son de poco provecho.

Anselmo	Pues estando yo en tu pecho ¿se pueden ellas parar?
Lotario	Hanse parado por ti, cansadas de estar batiendo. ¡Ay, Anselmo!
Anselmo	No te entiendo. Habla más claro. Di, di.
Lotario	Como por tu dama hermosa te vi, ardiendo, quedar frío, y tu corazón y el mío es todo una misma cosa, sentí, como era razón, las penas con que te hallas, y queriendo remediallas, cubrióseme el corazón, topando en inconvenientes que ya tu amistad venció.
Anselmo	¿Cómo?
Lotario (Aparte.)	Escucha... (Y quede yo con el alma entre los dientes.) ¿Supiste de quién estás enamorado? ¿Esa dama conoces?
Anselmo	Sé que en su llama vivo ardiendo y no sé más.
Lotario	Deuda de los duques es, y es Colona su apellido,

de Nápoles ha venido
habrá tres años y un mes.

(Aparte.)   (Yo lo tengo bien contado,
iay de mí!)

Anselmo   ¿Qué te ha perdido?
¿Qué es esto?

Lotario   Un vaguido ha sido
que en la cabeza me ha dado.

Anselmo   Quédese, quédese aquesto
agora.

Lotario   No, amigo, no,
porque para hacerlo yo
me importa el pensarlo presto.
   Digo, Anselmo, que esta dama
es de tan grande valor,
que ha llegado a ser mayor
que su hermosura su fama.
   Es en el mundo un retrato
de la misma castidad,
un Sol de la honestidad
y un ejemplo del recato.
   Es un valor que enriquece,
es un divino respeto,
es un cielo, es, en efeto,
mujer que no lo parece.

Anselmo   Bueno está, no digas más,
que tanto más me enamoras,
y es perderme.

Lotario (Aparte.)   (En lo que ignoras
está la gloria en que das.)

Anselmo   ¿Cómo podré merecella
si ella es tal, amigo, hermano?

Lotario   Si tú gustas, de mi mano
quiero casarte con ella.
      ¿No fiarás, sin temor,
que te la dé mi amistad,
que iguale a tu calidad
y que diga con tu honor?

Anselmo   ¿En qué dudas? Bueno fuera
que eso de ti no fiara,
pues cuando no me agradara
por tu gusto la quisiera.

Lotario   Pues en tu casa me aguarda
(Aparte.)   confiado... (Muerto estoy.)

Anselmo   ¿Qué me dices?

Lotario   Ve.

Anselmo   Ya voy.

(Vase Anselmo.)

Lotario   ¿Qué me anima y me acobarda?

      ¡Ay, amistad y amor! Visible estrago,
fogoso brío, movimiento lerdo,
que me encoge dudando en lo que acuerdo

y me anima pensando en lo que pago.
En no perder a Anselmo, ¡qué bien hago!
Y en perder a Camila, ¡qué bien pierdo!
¡Extraña competencia! Loco y cuerdo,
mil quimeras fabrico y mil deshago.
Pero perdona, Amor, si me enemisto
contigo, porque venza, aunque me pese,
la amistad que en mi pecho se acrisola.
Que bien podrá sin mengua, quien se ha visto
tantas veces rendido al interese
rendirse a la amistad una sola.

¿No es éste Ascanio y es quien
iba a hablar? ¡Estoy mortal!
Cuando es para hacerme mal
todo se concierta bien.

(Sale Ascanio, padre de Camila.)

Ascanio	¿No es Lotario? Todo el día te busco para abrazarte como hijo.
Lotario	Por pagarte merced que no merecía, te quiero. Escucha a este lado.
(Aparte.)	(¡Ay, Camila!)
Ascanio	¿Qué has tenido? Todo el color has perdido, las lágrimas te han saltado.
Lotario	¿Conoces a Anselmo?

50

Ascanio	Sí. ¿Quién no conoce su nombre?
Lotario	¿Y sabes... sabes que es hombre...
Ascanio	¿Túrbaste?
Lotario	Perdona.
Ascanio	Di.
Lotario	...que me iguala en calidad y me aventaja en riqueza? Pues su trato y gentileza ¿quién lo ignora?
Ascanio	Así es verdad.
Lotario (Aparte.)	Pues ése ha de ser esposo de Camila. (Cruel sentencia.)
Ascanio	No hay hombre en toda Florencia tan rico y tan poderoso, ni aun en Italia hay ninguno más rico y más principal. Dicha es grande.
Lotario	Siendo tal, poco te seré importuno.
Ascanio	Por su esposa te prometo a mi Camila.
Lotario	Alto, pues.

(Aparte.)   (¡Ah, poderoso interés,
                       y qué presto hiciste efeto!)

Ascanio   as ¿cómo se ha de tratar?

Lotario   Como estaba concertado:
                       a que sea el desposado
                       le llevaré en mi lugar.

Ascanio   Dices bien, por vida mía;
                       que aun Camila no ha querido
                       saber quién era el marido.

Lotario (Aparte.)   (Es porque ya lo sabía.)

Ascanio   Pues adiós, prevenle luego,
                       mientras que a prevenir voy
                       a los duques.

Lotario   Muerto estoy,
                       ardo helado y miro ciego.
                       ¡Ay, Camila! Tú dirás
                       que he sido amante traidor,
                       mas perdona, que el amor
                       de mi amigo pudo más.

(Vanse. Salen el Duque y su Camarero.)

Camarero   Casada podrás tener
                       la que hasta ahora no has tenido.

Duque   Y eso ¿cómo ha de ser?

Camarero   Con los celos del marido

se granjea la mujer.
   Haz que los tenga de ti
su marido, y atropella
su decoro, y fía de mí,
que el pedírselos a ella
será interceder por ti.

Duque   Daráselos mi cuidado
a su esposo, y serán celos
los mayores que se han dado,
daré quejas a los cielos
y a ella todo mi estado,
   o a mí me daré veneno
por no ofender a los dos.

(Salen la Duquesa y Ascanio.)

Duquesa   Para una infanta era bueno
tal casamiento.

Ascanio   De Dios
ha venido cuanto ordeno.

Duquesa   Duque, apercebíos a honrar
a Camila, a quien agora,
su padre quiere casar.

Duque (Aparte.)   (¡Ay del alma que la adora!)
En todo os he de agradar,
   y merece su nobleza
cuantos favores le ofrece
vuestra mano.

Ascanio   Vuestra alteza

con mercedes favorece.

Duque (Aparte.)   (¡Ay, soberana belleza!)

(Sale Camila.)

Camila (Aparte.)   (Ya llegó el dichoso día,
                         y punto, de ser mi esposo
                         Lotario, que es alma mía.
                         Bien dicen que no es dichoso
                         sino quien sufre y porfía.)
                         Vuestras altezas me den
                         la bendición y las manos.

Duque   Camila, levanta.

Duquesa   Ten.

Ascanio   Y los cielos soberanos
                         mil bendiciones te den.

Camila   Y a ti te guarden los cielos.

Duque (Aparte.)   (Para sufrir tal mudanza...)

Duquesa (Aparte.)   (Para no vivir con duelos...)

Duque (Aparte.)   (...bueno es tener esperanza.)

Duquesa (Aparte.)   (...no es malo quedar sin celos.)

(Salen Lotario Y Anselmo, galanes.)

Anselmo (Aparte.)   (¡Que tal gloria he de alcanzar!)

Lotario (Aparte.)	(¡Que tal bien he de perder!)
Anselmo (Aparte.)	(¡Que a tal gusto he de llegar!) Si los puedo merecer, pies y manos me han de dar Vuestras altezas.
Duquesa	Alzad.
Duque	¡Oh, Anselmo! No estéis ansí, lo que os estimo, estimad.
Anselmo	Dádmelos vos.
Ascanio	Vos de mí estos abrazos tomad.
Camila (Aparte.)	(¡Que a tan gran ventura llego!)
Lotario (Aparte.)	(¡Que nunca llega mi muerte!)
Anselmo (Aparte.)	(Todo es gloria.)
Lotario (Aparte.)	(Todo es fuego. Ella me mira y no advierte que la estoy mirando ciego.)
Duquesa	Con mi licencia podéis darle a Camila la mano.
Anselmo	Tus pies beso.
Lotario (Aparte.)	(Ojos, ¿qué veis?)

Anselmo	Por ver lo que en ella gano, estimo que me la deis.
Camila (Aparte.)	(¿Qué es esto, amante traidor?
(Duda Camila.)	
	¿Qué he de hacer?... Mas yo nací honrada.)
Ascanio	¡Hija!
Camila (Aparte.)	Señor, ya la doy. (¡Ay, santo honor, milagros hacéis en mí!)
(Danse las manos.)	
Lotario	Vengo a darte el parabién, agora que te has casado, ¿sabes, Anselmo, con quién?
Anselmo	Con mujer que tú me has dado, que eso basta.
Lotario	Dices bien, pues que por mujer te di la misma que yo quería, que en el punto que la vi en tu pecho, no fue mía sino tuya.
Anselmo	¿Qué te oí?

Lotario... ¡No me dijeras
con qué mujer me casaba!

Lotario   ¿Cómo, Anselmo, la tuvieras?
Porque tú no la quisieras,
viendo que yo la esperaba,
 y como te vi perdido,
procuré verte excusado
del dolor que yo he sentido.
Llega a tu cielo adorado,
goza tu bien pretendido,
 pues te puedo asegurar
que a darte una mujer vengo
que mil mundos puede honrar,
de quien solo un «Padre tengo»
he merecido escuchar.

Anselmo   Ya, Lotario, estoy vencido
de tu amistad.

Duque   ¿Quién creyera
lo que agora ha sucedido?

Duquesa   Amistad tan verdadera
no se ha visto ni se ha oído.

(Sale Torcato herido en la cabeza y Culebro tras él.)

Torcato   ¡Justicia!

Culebro   Espera, traidor.

Torcato   Líbreme Dios de tus manos.

Duque	¿Qué es esto?
Torcato	Duque, señor
Culebro	Por vida del Redentor de los cautivos cristianos que...
Anselmo	¡Tente! Pues en palacio del duque, ¿qué te obligó?
Culebro	Esas cosas miro yo sin cólera y con espacio.
Duque	¿Eres loco?
Culebro	Loco, no. Perdóneme vuestra alteza, que si éste no desviara la cara, con tal presteza, cuando le tiré a la cara y le acerté a la cabeza, no entrara yo como entré, ciego de cólera aquí, para enmendar lo que erré.
Torcato	¡Señor, justicia! ¡Ay de mí, que me ha muerto!
Duque	Bien a fe. Prendedlo, prendedlo y puedes mandarle ahorcar.
Culebro	Yo estoy

58

bueno entre cuatro paredes.

Anselmo   Pues con tantas causas hoy
                   puedo pretender mercedes,
                      suplícote que me des
                   el preso, que yo le fío,
                   y espero darle después
                   disculpa a su desvarío.

Duque   Sea así.

Anselmo   Beso tus pies.

Culebro   De pensar en el cordel,
                   casi al pescuezo le siento.

Camila (Aparte.)   (Casamiento tan cruel,
                   que el principio fue sangriento,
                   ¿qué fines se esperan dél?)

Anselmo (Aparte.)   (Mil veces dichoso he sido.)

Lotario (Aparte.)   (Mil veces soy desdichado.)

Duque (Aparte.)   (Agora estoy más perdido.)

Camila (Aparte.)   (¡Ay honra! ¿A qué has obligado?)

Lotario (Aparte.)   (¡Ay amistad! ¿Qué has podido?)

Fin de la primera jornada

Jornada segunda

(Salen Camila y Leonela:)

Leonela	Mucho le amaste.
Camila	Es verdad, pero de mi honor el brío venció, con libre albedrío, la cautiva voluntad.
Leonela	¿Ya no lloras?
Camila	Ya no lloro.
Leonela	¿Y quieres a tu esposo?
Camila	Sí.
Leonela	¿Tibiamente?
Camila	Como a mí.
Leonela	¿Tanto le quieres?
Camila	Le adoro.
Leonela	Milagro del cielo ha sido haberse tu amor pasado de un querido a un desdeñado, y de un galán a un marido.
Camila	¿Para eso fue menester milagro? Si es natural

ir al bien, huir del mal
la que es honrada mujer.
Este honrado pensamiento
tuvo principio en mi honor.
Luego el discurso mejor
alumbró el entendimiento.
Vi que amor de un solo día
al de mil se adelantaba,
en uno que me dejaba
y en otro que me quería.
Y con causas de olvidar,
y efectos de agradecer,
pude al uno no querer
y pude al otro adorar;
y como el cielo me dio
un marido sin segundo,
no tiene mujer el mundo
con más contento que yo.

Leonela   A verte vienen los dos.
Pon límite a tus antojos.

Camila   ¡Con qué diferentes ojos
les miro, gracias a Dios!

(Salen Lotario y Anselmo.)

Anselmo   No se os puede perdonar
tan larga ausencia.

Lotario   Sí haréis,
pues en vuestras cosas veis
que yerro por acertar.

Anselmo   Con todo muy mal me trata.

(Sale Culebro.)

                   ¿Qué hay, Culebro?

Lotario   Escuchamé.
(Háblanse al oído.)   Como en mal de amores sé
                   que el ausencia cura o mata,
                      puse la vida en su mano
                   para curar o morir,
                   y en no muriendo al partir,
                   era cierto el volver sano.

Camila   Ya llegan.

Leonela   Y pienso ya
                   que tu sangre se alborota.

Camila   No por cierto, ni una gota.
                   Como antes se estaba, está.

Anselmo   Llegad, que también mi esposa
                   me ha de ayudar a reñiros.

Lotario   A los dos he de serviros.
(Aparte.)   (Siempre me parece hermosa;
                      con todo, en mi fantasía,
                   a contemplalla me obligo
                   como a mujer de mi amigo
                   y no como dama mía.)

Camila   Amigo, esposo, señor.

Anselmo	Cielo hermoso y soberano.
Camila	Deja besarte la mano.
Anselmo	Eso a mí me está mejor.
Leonela	Español, y vos ¿qué hacéis?
Culebro	Por hacer estoy perdido.
Camila	Seas, Lotario, bien venido.
Lotario	Cien mil años os gocéis. ¿Tienes salud?
Camila	Salud tengo.
Lotario	Ya tu contento da indicio.
Camila	¿Vienes bueno?
Lotario	A tu servicio. Me fui malo y bueno vengo.
Anselmo	Camila, riñe a Lotario el dejarnos tantos días.
Camila	Bien merece quejas mías quien de tu gusto es contrario. Mal lo ha hecho, ya eso pasa de ser ingrato, sabiendo lo que a ti te debe, y viendo lo que le debe esta casa.

Anselmo
                    Solo se me debe a mí
                    pagar con intentos buenos
                    mil deudas.

Camila
                              Yo, por lo menos,
                    le debo el tenerte a ti.

Lotario
                    Con el gusto que me toca
                    de veros, quedo pagado
                    y contento.

Anselmo
                              Habéisme dado
                    mil gustos con cada boca
                      y quedo bien satisfecho
                    de ver con cuánta hermandad
                    este amor y esta amistad
                    pueden caber en mi pecho.

Camila
                    Que soy tu esclava imagina.

Lotario
                    Y yo sombra de tu Sol.

Leonela
                    ¡Determinado español!

Culebro
                    ¡Juguetona florentina!

(Mirándose por detrás de sus amos los dos.)

Leonela
                    ¡Qué tierna correspondencia
                    de vista!

Culebro
                              ¡Qué colear
                    de ojos, dulce mirar.
                    Parece España Florencia!

Anselmo Y en el viaje, ¿os ha ido
bien?

Lotario Muy bien, pues lo he pasado
con el donaire extremado
de Culebro.

Culebro Hete servido,
y sé lo que en ello gano,
comiendo todo el camino
cansalata, que es tocino.

Lotario Con su hablar italiano
alborota una posada.

Anselmo Bravo italiano estás.

Culebro De español no tengo más
que las plumas y la espada.
Sé que es piñata la olla,
y tiano la cazuela,
y que es la sartén padela,
vino el vin, las berzas folla,
y la ensalada, ensalata,
y pane tosto el pan duro,
y la manteca, baturo,
y el medio azumbre, canata.
Caso el queso, brodio el caldo,
y presutos los perniles,
y luchernas los candiles,
y el pillatelo, tomaldo.
Cama el leto, y blanda mola,
y bujarrón el ventero.

Camila	Gracia tiene.

Lotario	Bien le quiero.
(Aparte.)	(Brava nación la española.)

Camila	Esa lengua has de aprender,
	que está muy bien en tu boca.

Culebro	Lo que al ministerio toca
	del dormir y del comer
	aprendí en suma tan corta,
	que como este fin consiga,
	si en lo demás que les diga
	no me entienden, poco importa.

Lotario	Bien dice.

Anselmo	Dice rebién.

(Hace una reverencia Camila a su marido y a Lotario para irse.)

Camila, ¿queréis dejarme?

Camila	Porque tengo en qué ocuparme,
	y porque es justo también
	que hablen solos dos amigos
	que ha tanto verse esperan.

Anselmo	Vuestros ojos no pudieran
	ser enojosos testigos.

(A Culebro, de paso.)

Leonela	Mucho gustaré de hablarte.
Culebro	Y yo más de responderte.

(Vanse todos, dejando a Lotario y Anselmo solos.)

Anselmo   ¡Ay, cielos!

Lotario   ¿En vez de verte
                   contento, te oigo quejarte?

Anselmo   ¿Ves que tengo en esta casa
                   tan arrogante apariencia
                   de gustos no imaginados
                   y de no vistas riquezas,
                   en estos techos labores
                   artificiosas y bellas,
                   y en estos cuadros vencida
                   la humana naturaleza,
                   por estos suelos alfombras,
                   por estas paredes telas,
                   brocados en estas camas,
                   plata y oro en estas mesas,
                   cristal en estas ventanas,
                   por estos rincones perlas,
                   diamantes en unas manos
                   y en ellas mismas belleza,
                   en aquel rostro deidad
                   y en este pecho firmeza,
                   y ves que a mi esposa adoro
                   y soy adorado de ella?
                   Pues no estoy contento.

Lotario   ¿Cómo?

Anselmo

Una locura, una fuerza
fatal me obliga y me pierde,
me descompone y me ciega.
Celos me abrasan el alma
y en Camila me dan pena
hasta el Sol si alegre mira,
y el viento si manso llega,
sin tener otra ocasión,
porque ella es honrada, es cuerda,
recogida, recatada,
prudente, sabia y discreta.

Lotario

Eso, perdóname, Anselmo,
más parece impertinencia
que celos.

Anselmo

No está en mi mano,
y escúchame, porque adviertas
que esto todo son temores
o desdichas venideras,
que tan con tiempo las pasa
quien tan sin tiempo las piensa.
Pienso, aunque es buena mi esposa,
que podría no ser buena,
y este solo «puede ser»
me aflige como si fuera;
que si el que estima una espada
no se atreve a fiar de ella,
sin ver que en mil ocasiones
ni se tuerce ni se quiebra,
y en la espada, que es de acero,
son menester estas pruebas,
cuanto y más en la mujer,

que es de lana la más cuerda.
Mataráme esta congoja,
si con curiosa experiencia
no acrisolo su valor
y doy toque a su firmeza.
Ésta, siendo con mi honor,
solo otro yo puede hacerla,
que eres tú, Lotario, amigo,
de quien fío esta flaqueza.
Tú has de probar si es mi esposa
tan honrada como bella,
dándole a tu amor fingido
extremadas apariencias,
que si de ti se resiste,
a quien quiso, cosa es cierta
que podré vivir el hombre
más contento de la tierra,
y si se rindiese a ti,
que nunca el cielo tal quiera,
a solo su pensamiento
podría llegar mi ofensa,
y escondida en tu secreto
estaría, y yo, aunque muerta
la vida, con el ciudado
podría excusar la afrenta.

Lotario   ¡Jesús, qué extraña ilusión!
¿Búrlaste, Anselmo, o deseas
hacer las pruebas en mí?
¿Que aún no las tienes bien hechas?
¿Quién te ha llenado el sentido
de fantásticas quimeras?
¿Qué te han hecho? ¿Qué te han dado?
¿Qué hacer quieres? ¿Qué hacer piensas?

Anselmo	Lotario, no me repliques.

Lotario   Escúchame y considera
en mis fundadas razones
tan curiosa impertinencia.
Si, como has dicho, imaginas
que es tu esposa honrada y cuerda,
recogida y recatada,
prudente, sabia y discreta,
¿qué quieres más? Pues te basta
el ignorar que no es buena,
para dejar lo demás
del cielo a la providencia.
O no piensas lo que haces,
o no has dicho lo que piensas,
o ese propósito en ti
es locura manifiesta.
Cuando salgan en tu esposa
finísimas esas pruebas,
no sé yo qué entonces más
que tienes agora tengas;
mas si fuesen en tu agravio,
y viésemos su firmeza
vencida de la ocasión,
¿en qué darían tus penas?
¿Qué sería de tu vida?
Si así te tratan sospechas,
verdades averiguadas
tan contra tu honor, ¿qué hicieran?
Considera que no es justo
que se ponga en competencia
de pérdida que es tan grande
ganancia que aun no es pequeña.

Anselmo	No me digas más, Lotario,
	pues eres discreto, piensa
	que a un hombre determinado
	le mata quien le aconseja.
	Caber razones en quien
	la razón está tan ciega,
	es pedirle a la Fortuna
	que en sus mudanzas la tenga.
	Esto ha mil noches, Lotario,
	que me aflige y me desvela,
	pensando en muchos desvíos
	que mi sinrazón vencieran,
	a no ser hechizo loco,
	que a pura fuerza de estrella
	a mi discurso se opone,
	y en mis entrañas revienta.
	Haz, por Dios, lo que te ruego,
	haciendo, para que pueda
	con algo engañarme a mí,
	no más de sola una prueba
	en mi esposa, que no es tal
	que se rinda a la primera.
Lotario	Tú mismo, Anselmo, te agravias,
	tú mismo, amigo, te afrentas.
	Mira, por Dios.
Anselmo	Ya me enojas,
	ya mi amistad verdadera
	pagas mal. Si tú no quieres
	sacarme de esta sospecha,
	ya estoy resuelto en buscar
	quien lo haga y quien lo entienda,

fiando mi honor de alguno
que del todo me le pierda.
Recógele en tu sagrado,
asegúrale en mi ausencia
por...

Lotario   Basta, no digas más.
A voluntad tan resuelta,
obedecer y callar...

Anselmo   Dios te guarde, el cielo quiera
que te sirva entre mis brazos,
a mi corazón te llega.

Lotario   ¿Cuándo ha de ser el servirte?

Anselmo   Luego, agora.

Lotario   Luego sea
el divertir con mi engaño
tu curiosa impertinencia.

Anselmo   ¡Hola!

(Sale Culebro.)

Culebro   ¡Señor!

Anselmo   Corre y di
a Camila que la espero.

(Vase Culebro.)

¡Ay, amigo verdadero,

mi honor he fundado en ti!
    Prueba mi esposa querida,
y del suyo satisfecho
asegúrame este pecho,
vuélvele el alma a esta vida.

Lotario   Sosiégate, confiado
(Aparte.)   en mi fe. (¡Extraño accidente!
                        Ser curioso impertinente
                        es ser celoso el honrado;
                            que el que es discreto curioso,
                        por más valor ha tenido
                        dar venganzas de ofendido
                        que evidencias de celoso.)

(Sale Camila.)

Camila   Ya que me mandéis espero.

Anselmo   Yo que mercedes me hagáis,
                        que a Lotario entretengáis,
                        mientras voy y vengo, quiero,
                            que el gran Duque me ha llamado
                        y habré de ir aunque me pese.

Lotario   Gracioso melindre es ése.
                        Pues ¿eso os daba cuidado?
                            ¿No pudiera esperar yo,
                        y excusar tal cortesía?

Camila   Y acompañaros podría

Anselmo   Que fuese solo mandó,
                        y habéis de esperarme aquí.

Lotario	Cumplimientos escusados.
Anselmo	Hasta que os deje sentados no he de partirme.
Camila	Sea ansí. Volved luego.
Anselmo	Luego vuelvo.
Camila (Aparte.)	(¡Qué notable confianza de amistad!)
Anselmo (Aparte.)	(¿A qué esperanza me encamino y me resuelvo?)
Lotario (Aparte.)	(¡En qué estacada me veo!)
Camila (Aparte.)	(Mi valor queda conmigo.)
Anselmo (Aparte.)	(Para escuchar si mi amigo prueba a lograr mi deseo lugar me dará esta llave.)

(Vase Anselmo.)

Camila (Aparte.)	(No sé qué piense o qué diga.)
Lotario (Aparte.)	(Amigo que a tal obliga mucho ofende y poco sabe.)
Camila (Aparte.)	(¿Quién del tiempo imaginara que a este estado me trujera?)

Lotario (Aparte.)	(¿Quién entonces me dijera que, pudiendo, no la hablara?)
Camila (Aparte.)	(De mis honrados despojos tengo el corazón contento.)
Lotario (Aparte.)	(Mucho vuela el pensamiento y mucho miran los ojos. Como que duermo he de hacer, para poderlos cerrar, y dejaré de pensar, quizá, con dejar de ver.)
Camila (Aparte.)	(A no hablarme se ha forzado, por no verme se ha dormido: mucho obliga a ser querido un hombre que es tan honrado Se entiende sin que al honor se pierda un punto el decoro.)

(Hasta aquí han hablado todo aparte, y salen por un lado Culebro y Leonela.)

Culebro	Joya mía, yo te adoro.
Leonela	Y yo a ti te tengo amor.
Culebro	Pues encaja.
Leonela	Aún es temprano, soy doncella.
Culebro	Acaba, llega. ¿Ese duende de bodega

por ventura está en tu mano?
El alma sí que estará
en la palma que me has dado,
que ese punto imaginado
en otro lugar está.

Leonela   Toma el alma.

Camila (Aparte.)   (A pensar llego
que es mejor no estar aquí.)

(Vase Camila.)

Lotario (Aparte.)   (¡Qué bien dicen —iay de mí!—
que más imagina el ciego!
Amistad, valedme agora.)

Leonela   Tuya he de ser.

Culebro   Yo soy tuyo.

(Sale Anselmo.)

Anselmo (Aparte.)   (A mi suerte lo atribuyo.)

Leonela   Voyme, que se va señora.

(Vase Leonela.)

Anselmo (Aparte.)   (Bien vi que el intento mío
emprendió con gusto poco.)

Culebro (Aparte.)   (Esta moza me trae loco,
su sombra soy, sin ser frío.)

(Vase Culebro.)

Anselmo (Aparte.)   (Ni una palabra le ha hablado,
de su engaño estoy corrido.)

Lotario   Presto, Anselmo, habéis venido.

Anselmo   Y aun pienso que habré tardado.

Lotario (Aparte.)   (¿Si es que sospecha mi engaño?)

Anselmo   ¿Que hay de nuevo en mi quimera?

Lotario   Que fue a la ocasión primera
tan resuelto el desengaño,
que ya no hay más que probar,
ni tienes más que temer
de una mujer que es mujer
que acierta a desengañar.
Comencé a hablarla, y compuesta
y hecha una brasa escuchome,
admirome, fuese y diome
las espaldas por respuesta;
que la mujer que se admira,
si a desdeñar se resuelve,
con las espaldas que vuelve
vuelve el seso a quien la mira.
Y pues tan buena ocasión
te obliga, a tu esposa precia,
que excede a Porcia y Lucrecia
y se iguala a cuantas son.

Anselmo   ¡Ah, Lotario! ¡Quién creyera,

al cabo de tantos años,
que yo seguro de engaños
en tu amistad no estuviera!
   Ya he visto lo que ha pasado,
porque este engaño temí
desde el punto que te oí
desalabar mi cuidado;
   y del retrete a la puerta
me puse, donde he podido
ver en tu pecho dormido
quedar mi esperanza muerta.
   Mal mi amistad has pagado.

Lotario (Aparte.)   (¿Hase visto tal exceso?)
Anselmo, yo te confieso
que estoy corrido y turbado,
   aunque puedo, por la fe
de nuestra amistad jurarte
que el atreverme a engañarte
por desengañarte fue.
   Pero pues culpado estoy,
de tu pensamiento extraño,
de servirte sin engaño
de hoy más palabra te doy.

Fin de la segunda jornada

Jornada tercera

Anselmo   Mil veces me has de abrazar.
                 Tanto, tanto, amigo mío,
                 de nuestra amistad confío,
                 que por darte más lugar
                     de conquistar a mi esposa,
                 fingiré cierta partida
                 de Florencia. De mi vida
                 te lastima.

Lotario (Aparte.)   (¡Extraña cosa!)

Anselmo   Es pensamiento extremado
                 para el intento que sigo.
(Sale Culebro.) ¡Culebro!

Culebro   ¡Señor!

Anselmo   Amigo,
                 escucha lo que he trazado.
                     Un secreto se ha ofrecido
                 que ha de fiarse de ti.

Culebro   Estará enterrado en mí.
                 Callado soy, y atrevido.

Anselmo   Yo he de fingir que me voy
                 aprisa, para volver
                 volando; tú has de saber
                 que en casa Lotario estoy,
                     adonde de cierta dama
                 he de gozar la hermosura,
                 porque tenga más segura

en mi secreto su fama.
Si mi esposa, porque tardo,
me enviase algún papel,
tómale tú y ven con él
donde sabrás que te aguardo.

Culebro   Fía que serás servido.

Anselmo   Y tú vete y vuelve aquí.

Lotario   ¿Despídeste agora?

Anselmo   Sí.

Lotario   El seso tienes perdido.
                 ¿Que no adviertes?

Anselmo   Tu disgusto
me le pierde y me le apura.
Deja.

Lotario   No más. Tu locura
sigo a costa de mi gusto.

Anselmo   Vuelve luego.

Lotario   Que me place.

Anselmo   ¿Vas con gusto?

Lotario   Voy contento
a ser uno de los ciento
que dicen que un loco hace.

(Vase Lotario. Sale Camila.)

Camila   ¿Que ya mi esposo volvió?

Anselmo   Con disgusto, por tu vida.
                Como es la primer partida
                no es mucho la sienta yo.

Camila   Luego, ¿habéisos de partir?

Anselmo   El duque me lo ha mandado,
                y estoy algo consolado
                con que a Pisa tengo de ir,
                    que es tan cerca.

Camila   ¿Cuándo?

Anselmo   Ya
                me parto en una carroza
                por la posta.

Camila   Quien os goza,
                si os pierde, ¿qué sentirá?

Anselmo   Aun mudarme el vestido
                no me consiente el cuidado
                del duque. ¿Que habéis llorado?
                ¿Que a mis cielos he ofendido?

Camila   ¿Que tan presto os queréis ir?
                ¿Tan presto os he de perder?

Anselmo   El deseo de volver
                me precipita el partir.

Camila	¿Será presto?
Anselmo	Sí será,
	pero aunque lo sea, creo
	que, en vuestra ausencia, el deseo
	siglos de pena tendrá.
	Lotario vendrá a mirar
	por vuestro regalo.
Camila	¡Ay, Dios!
	¿Pues con otro que con vos
	en vuestra ausencia he de estar?
Anselmo	Con Lotario sí, a quien fío
	de mi honor todo el decoro.
	¿Eso ignoráis?
Camila	No lo ignoro,
	y de su valor confío.
	Mas como es mozo y galán,
	y yo nueva en vuestro amor,
	atemorizan mi honor
	recelos del qué dirán.
Anselmo	Ya a todo el mundo, testigo
	de nuestra amistad, le acuerdo
	que si es tan mozo, es tan cuerdo,
	si tan galán, tan mi amigo.
Camila	Yo confieso que me pesa.
Anselmo	Pues divierte ese cuidado,
	y recíbele en tu estrado,

y convídale a tu mesa.
Y en esta casa ha de hacerse
lo que él ordenare en todo.

Camila (Aparte.)   Será ansí. (¡Notable modo
de engañarse y de ofenderse!)

Anselmo   De la buena diligencia
de Culebro has de fiar,
si a escribir puede obligar
esta brevedad de ausencia.
Los brazos... ¿Lloráis, señora?

Camila   ¿Pues no tengo de llorar?

Culebro (Aparte.)   (Él se va de aquí a gozar
de otra dama, y ella llora.)

Anselmo   Alégranme estos enojos;
adiós.

Camila   Dejáisme muriendo.

(Vase Anselmo.)

Culebro (Aparte.)   (Y será el llorar fingiendo,
que son de mujer los ojos.
El casamiento, a mi ver,
cuando bien lo estoy mirando,
no es más que estarse engañando
un hombre y una mujer.)

(Vase Culebro.)

Camila
No me acobardan los gallardos bríos
de este ciego que mira con antojos,
ni temo al pensamiento ni a los ojos
que se han visto mil veces en los míos,
    pues cuando el uno arroje ardores fríos,
y el otro siga inútiles despojos,
para vencer cuidados tengo enojos,
y tengo honor para buscar desvíos.
    El verle a la ocasión blandir la espada,
que en mí, aunque piedra, tan de toque he sido,
mi propio esposo la dejó afilada,
    tiene en mi pecho el ánimo encogido;
que ponen grima a la mujer casada
las ocasiones que da el marido.

(Sale Leonela.)

Leonela
Estarás muy afligida
de que tu esposo ha partido.

Camila
No siento el haberse ido,
sino el dejarme ofendida.
    Lotario aquí ha de quedar,
y conmigo ha de comer.

Leonela
¿Pues él lo quiere querer
y tú lo quieres llorar?

Camila
Corre peligro mi fama.

Leonela
¿De eso, señora, te pesa?
Pues él le ofrece la mesa
ofrécele tú la cama.

86

Camila	Calla, muy necia has andado, y no te partas de aquí un punto.
Leonela	¿Luego, por mí, será el otro recatado? Por ti lo será, y por él, siendo de tu esposo amigo; que yo, de su amor testigo, tres años que hablé con él, de noche por las ventanas, y en las iglesias de día, esperanzas le daría antes que hacérselas vanas.
Camila	Con todo, mucho aprovecha el no estar sola, de mí no partas.
Leonela (Aparte.)	Harelo así. (Quien se teme, algo sospecha.)
(Sale un Paje.)	
Paje	Lotario pide licencia.
Leonela	Aquí, para entre las dos, no te pese.
Camila (Aparte.)	(Plegue a Dios que no me cueste esta ausencia. Mas, valor tengo y nobleza, sentareme...) Entre al momento.
(Aparte.)	(...porque de mi poco asiento

(Sale Lotario.)

no le arguya ligereza.)
¿Pues Lotario ha menester
licencia? Sin ella venga.

Lotario

Razón es que, aunque la tenga,
la haya querido tener,
pues ido Anselmo, ya pasa
la que hasta agora he tenido.

Camila

Antes, después que él es ido
mandáis más en esta casa;
que antes mandabais los dos
en ella, como era justo,
y agora, porque es su gusto,
la mandaréis solo vos.

Lotario (Aparte.)

Guárdeos el cielo. (¡Ay de mí!)

Camila (Aparte.)

(Turbado tiembla. ¿Qué haré?)

Lotario (Aparte.)

(¡Qué desafío aplacé,
a qué campaña salí!)

Camila

Sentaos, señor.

Lotario

Ya me siento.

(Siéntanse Lotario en una silla y Camila en una almohada.)

Camila (Aparte.)

(¡Qué notable confusión!)

Lotario (Aparte.)

(Fuertes enemigos son
los ojos y el pensamiento.)

(Sale Culebro.)

Culebro   ¡Oh, qué bien nos ha venido
el irse Anselmo! Responde.

Leonela   Sí, muy bien. ¿Y sabes dónde
es ido?

Culebro   Es ido y no es ido.

Leonela   No entiendo esa quesicosa.

Culebro   Ven y a solas lo sabrás.

Leonela   ¡Guarte!

Culebro   ¿Pues agora das
en cobarde y melindrosa?
Ven, por mi vida, ¿no quieres?
Y sabrasla.

Leonela   Iré, en efeto,
que por saber un secreto
se pierden muchas mujeres.

(Vanse Leonela y Culebro.)

Camila (Aparte.)   (¡Qué de veces me ha mirado
y qué de veces ha huido
de verme!)

Lotario (Aparte.)   (¡Qué arrepentido
estoy de haber llegado!
¿Ireme? ¿Cielos, qué haré?)

89

Camila (Aparte.)   (¡Qué ansias señala, qué penas!)

Lotario (Aparte.)   (No hay sangre, en todas mis venas,
que en mi corazón no esté.
No creí que en tanto estrecho
me pusieran sus antojos.
Con cada volver los ojos
mil vueltas me da el pecho.
¿Cerraré los míos? No,
que ya no puedo, aunque quiera.)

Camila   ¿Tenéis sueño? ¿Persevera
el que tan sin tiempo os dio?

Lotario   No, señora, antes pensaba
en lo que soñado había,
cuando soñando dormía,
y así velando soñaba.
No es muy bueno, que soñé
que atrás en el tiempo volvía,
y gozaba del mismo día
que en tus ojos me abrasé,
y llegando al corazón
con tus manos milagrosas...

Camila   No digas más, que esas cosas
sueño han sido y sueños son.

Lotario   Y viendo que viento en popa,
mi bien...

Camila   Bueno está, Lotario.

Lotario (Aparte.)   (¡Cómo se esfuerza el contrario
cuando en resistencia topa!)
¿No me escuchas?

Camila   Basta agora
el haberte respondido
que esas cosas sueño han sido
y sueños son.

Lotario   Di, señora,
fuego han sido y fuego son,
que me abraso y que me abrasa.

Camila   ¡Ay, cuitada! Ya esto pasa
el límite a la razón.
      ¿Son burlas esas quimeras?

Lotario   Burlando las comencé,
pero ya muero, y no sé
si son burlas o son veras.

Camila   Lotario, corrida estoy
de que haberme conocido
tan de atrás, no haya servido
para que sepas quién soy.
     No sé qué sienta o qué diga
de tu infame proceder.
¡Dísteme para mujer
y búscasme para amiga!
     ¿Es buena amistad, traidor,
noble pecho, trato justo,
al amigo darle el gusto
para quitarle el honor?
     ¿Y es...? Pero quiero dejarte,

por no oírte y por no verte,
y porque es favorecerte
el pararme a desdeñarte.

Lotario   Señora, no escandalices.
                            Perdóname, escucha, ten.
(Aparte.)   (Con este honrado desdén
                            me abrasa.)

(Sale un Paje cuando Camila se va a entrar.)

Paje   El duque.

Camila   ¿Qué dices?

Paje   Que el duque pide licencia.

Camila (Aparte.)   (Esto agora me faltó.
                            ¡Ay, cielos!, bien digo yo
                            que ha de costarme, esta ausencia.)

Lotario   No se le puede negar.

Camila   ¿Dónde Leonela se ha ido?

(Sale Leonela.)

Leonela   El duque, el duque ha venido.

Lotario   Volveos, señora, a sentar.
(Aparte.)   (¡Ay, amistad!)

Camila (Aparte.)   (¡Ay, honor;
                            qué forzada estoy contigo!)

Lotario (Aparte.)

(¡Que haga tan necio amigo
tan grande amigo traidor!
    Mas ¡quién pudiera mirar
sin abrasarse y morir
tan discreto resistir,
tan honrado desdeñar!)

(A Camila.)

Leonela   ¡No sé de ti qué sospecho!

Camila   Leonela, ¡quién me dejara!

Leonela   Quien tiene sangre en la cara,
                fuego señala en el pecho.

Camila   De cólera pudo ser.

Leonela   ¿Luego no ha sido de amor?

(Sale el gran Duque con el, el Camarero y Torcato, y acompañamiento.)

Camila   ¡Jesús!

Duque   ¿Camila?

Camila   ¡Señor!

Duque   ¡Con qué miedo os vengo a ver!

Camila   ¿Es de que me quejo yo
                del ausentarme el marido?

Duque	¿Ausente está? ¿Dónde ha ido?
Camila	¿Luego no se lo mandó vuestra alteza?
Lotario (Aparte.)	(Agora advierte su engaño.)
Duque	No mandé tal.
Camila (Aparte.)	(A su trato desleal da colores de esta suerte, pues él debió de enviarlo porque quiso a solas verme y luego, por no ofenderme, se obliga a disimularlo.)
Duque	Yo, que hasta aquí no sabía esa ausencia, en mis antojos, miedo de verme en tus ojos era solo el que traía.
Camila	Mal a entender me acomodo esos miedos.
Duque	Ya me acaban.
Lotario (Aparte.)	(Estos celos me faltaban para abrasarme del todo.)
Camila (Aparte.)	(¿En qué está puesto mi honor? ¡Peligro corre mi vida!)
Duque	Como está el alma encogida,

siempre opuesta a tu rigor,
son los miedos engendrados
de antojos y devaneos,
contrarios a los deseos.

Lotario   Serán en tu pecho honrados,
porque el de Anselmo les dio
mil causas de ser ansí.

Duque   ¿Quién te mete en esto a ti?

Lotario   Porque soy Anselmo yo.

Camila (Aparte.)   (Al menos quisiera serlo,
en todo.)

Duque   Y cuando eso fuera
¿qué me importaba?

Lotario   Partiera
el más delgado cabello
en materia de honor suyo,
a no ser tuyo el agravio.

Duque   Guarda el cuello y cierra el labio.

Lotario   Soy tu vasallo y es tuyo.

Duque   Cortarete la cabeza,
por vida de...

Lotario   En mí hay valor
para perderla.

Camila	Señor, repórtese vuestra alteza. ¿Tú me defiendes, Lotario? ¿Es bien que de mí se crea que yo no basto, aunque sea tan poderoso el contrario?
Duque	Vete, vete.
Lotario	Donde estoy me manda, señor, matar.
Camila	Tú, que me sueles honrar, ¿no te acuerdas de quién soy? Tu exceso a injusticia pasa. Mal de mis cosas arguyes. ¿Así mi opinión destruyes? ¿Así afrentas esta casa? De Lotario acompañada saldré de ella.
Duque (Aparte.)	(Muerto quedo.)
Camila	Que con justicia la puedo dejar, por dejarla honrada. Acogereme al sagrado de la tuya.
Duque	Bueno fuera. Sosiega, Camila, espera, perdona el andar sobrado, pues que ya con irme enmiendo los enojos que te di. Tus pies beso.

Lotario	Agora sí te iré yo, señor, sirviendo.
Duque (Aparte.)	(Así quiero asegurarla.)
Torcato	¡Extraño suceso!
Camarero	Extraño.
Duque (Aparte.)	(Y podré, con el engaño de no seguirla, alcanzarla.)

(Vanse todos, y quedan Camila y Leonela solas.)

Camila	¡Qué bueno queda mi honor,
	perseguido y acosado
	de este príncipe arrojado,
	y de este amigo traidor!
	    En este trance, ¿qué aguarda?
	En este daño, ¿a qué llega,
	pues quien me manda me ruega,
	y me roba quien me guarda?
	    Bien será llamar a quien
	dé más fuerza a mi flaqueza;
	que en mujer no hay fortaleza
	que sin alcaide esté bien.
	    Recado para escribir
	me trae, Leonela, al momento.

(Saque Leonela una mesica y recado para escribir.)

Este honrado pensamiento
quiero alabar y seguir.

                              Sabrá Anselmo lo que pasa,
                              y agraviado y satisfecho,
                              qué mujer lleva en su pecho,
                              qué amigo deja en su casa.
                                    Llama a Culebro, ¿podré
(Vase Leonela.)   acertar, Dios soberano?
                              Bien es que guíe la mano
                              quien ha esforzado la fe.

(Escribe. Salen Culebro y Leonela.)

Leonela   Pienso que te quiere dar
                              una carta que le lleves.
                              Volando harás lo que debes.

Culebro   Poco tendré que volar.

Leonela   Finge que al viento te igualas.

Culebro   Ya yo sé en tales fracasos
                              hurtarle al viento los pasos,
                              y a la mentira las alas.

Camila   ¡Culebro!

Culebro   ¿Señora?

Camila   Ve,
(Cierra la carta   toma postas para dar
y dásela.)   esta carta. Has de volar.

Culebro   Como un cernícalo iré.

Camila (Aparte.)   (Honra, a las voces que das

respondo con lo que hago.
Lo que te debo te pago,
haga el cielo lo demás.)

(Vanse los tres. Sale Anselmo.)

Anselmo   Como espera, como siente,
                 uno cera, otro diamante,
                 los favores el amante,
                 el cuchillo el delincuente,
                     la tierna niña el esposo,
                 el viejo enfermo la muerte,
                 el desdichado la suerte,
                 y la desdicha el dichoso,
                     así yo, con este extremo
                 de cuidado y de disgusto
                 me prevengo al mayor gusto,
                 la mayor desdicha temo.
(Sale Lotario.)   ¡Lotario!

Lotario   ¡Anselmo!

Anselmo   ¿Qué ha sido?
                 De tus tristezas, ¿qué siento?

Lotario   Por tu causa estoy contento,
                 y por la mía corrido.

Anselmo   ¿Cómo?

Lotario   Fue tanto el rigor,
                 en tu Camila enojada,
                 que haciendo prueba de honrada
                 me ha tratado de traidor.

Dio fuerza al conocimiento
de su inmensa honestidad,
advirtiome tu amistad
y afeó mi pensamiento.

Huyó, en fin, de mi locura,
y sospecho que mandara
matarme, si no mezclara
con el honor la cordura.

Tú tienes honrada esposa.
Por notable dicha ten
haber salido tan bien
de prueba tan peligrosa.

(Salga Culebro con una carta.)

Anselmo   Lotario, Culebro.

Culebro   A un lado
            toma y lee.

Anselmo   Así lo haré.

(Lee Anselmo la carta.)

Lotario (Aparte.)   (¿Qué será? Lo que pasé
con el duque le he callado,
    porque el que quisiere honrar
a su amigo, ha de querer
en su ausencia responder
y a sus oídos callar.)

    Fin de la tercera jornada

Jornada cuarta

(Salen la Duquesa, Camila, Leonela, Claudia, y Julia, criadas de la Duquesa. Siéntanse todas en un estrado, y la Duquesa en una silla, y Camila a sus pies.)

Duquesa
Tenéis de buenos casados
opinión notable.

Camila
Son
muy conformes los cuidados.

(Aparte.)
(¡A cuántos tiene engañados
en el mundo la opinión!)

Duquesa
Estaréis entretenidos
con gusto. Y entre los dos
¿corren celos?

Camila
Ni aun fingidos
los vemos, gracias a Dios.

Duquesa
Ellos pierden los maridos.
Yo, que ya su esclava soy,
ni los sufro ni los dejo.

Camila
Sin ellos, señora, estoy,
que, tomando tu consejo,
ni los tengo ni los doy.

Leonela
Si puede tener y dar
a su gusto, mucho hace.

Duquesa
Cuando se puede pasar
el querer sin el celar,
mucho agrada y mucho aplace.

| | Y el tiempo que sin marido |
| | estás ¿qué sueles hacer? |

Camila

En mi rincón encogido,
en mi labor, suele ser,
si gastado, no perdido,
   y estoy entre mis mujeres.

Duquesa

Con tal gusto y tal cuidado,
ejemplo de todas eres.

Claudia

Donaire tiene extremado.

Julia

Prosigue el cuento, no esperes.

Duquesa

Bien haces, que siempre ha estado
a la mujer la almohadilla
como la espada al soldado.
Por ver si te maravilla
quiero mostrarte un bordado.

Camila

Merced me harás si me enseñas
cosa que será curiosa,
pues que tú no la desdeñas.

Duquesa

Parecerate graciosa,
por ser de manos pequeñas.

Camila

¿Son las de Belucha?

Duquesa

Sí.

Camila

En tal edad tal primor
asombra.

Duquesa   A Belucha di
que venga con su labor.

Julia   Ya ella asoma por allí,
que debe de haberte oído
y ya presurosa viene
y su labor ha traído.

Camila   Tiene un gran donaire y tiene
un alma en cada sentido.

(Sale Belucha con su almohadilla y llégase a la Duquesa.)

Camila   ¿Qué hacéis, Belucha?

Belucha   Aprisa
para mi señora bordo
unos pechos de camisa.

Camila   ¿Hay tal lengua?

Duquesa   La de un tordo
no da tal gusto y tal risa.

Camila   Lindos son, a tus razones
parecen.

Belucha   Parecen hechos
de mis manos.

Camila   Sal les pones.

Belucha   He aprendido a bordar pechos

por granjear corazones.

Camila   Y ¿cuál es el granjeado?

Belucha   Granjeo el de mi señora.

Duquesa   ¿Y no has agora acertado?
¿Erró aquí?

Claudia   Verelo agora.

Camila   Donaire tiene extremado.

(A Camila.)

Belucha   Dice el duque, mi señor,
que no sepa mi señora
extremos de tu rigor.

Camila   Natural embajadora
pareces del niño Amor.

Belucha   Y vos rigurosa estáis,
pues que con tal acedía
a tan gran amor pagáis.

Camila   ¿Hay tal cosa, vida mía?
¡Qué temprano comenzáis!

Duquesa   ¿Qué es Belucha?

Belucha   A preguntar
le llegué, si de mi mano
puedo en esto confiar,

y respondió que temprano
he comenzado a bordar.

Camila   ¿Viéronse tales extremos?
                        Notable tiempo alcanzamos.

Duquesa   Agora al nacer sabemos,
                        y así tan presto llegamos
                        al fin para que nacemos.

Claudia   El duque viene.

Camila (Aparte.)   (Y con él
                        viene el alma de esta vida.
                        ¡Ay, mi Lotario!)

(Sale el Duque, Anselmo, Lotario, el Camarero y otros.)

Duque (Aparte.)   (¡Ay, cruel
                        y bellísima homicida!)

Anselmo (Aparte.)   (¡Ay, querida esposa fiel!
                        ¡Ay, soberanos despojos!)

Lotario (Aparte.)   (¡Ay, Camila de mi alma!)

Camila (Aparte.)   (¡Ay, Lotario de mis ojos!)

Duque (Aparte.)   (¡Qué ingratitud y qué calma!)

Duquesa (Aparte.)   (¡Qué necio mirar, qué enojos!
                        No puedo sufrillo.) Vete,
                        que me duele la cabeza,
                        y déjame en mi retrete

primero.

Camila
               Como tu alteza
me lo manda, servirete.

Duque
         Tan presto os vais?

Duquesa
                  Sí, señor,
estoy indispuesta.

Duque
                  ¡Ay, cielos,

(Vanse, y queda el Duque y el Camarero.)

         que me consume este ardor,
y de mi mujer los celos
precipitaron mi amor!
    Dame consejo, Marcelo,
pues sabes el mal que paso.

Camarero
        Quisiera darte consuelo.

Duque
        Allí con nieve me abraso,
y aquí con brasas me hielo.

Camarero
        Y es lo peor que esa nieve
no es para todos tan fría.

Duque
        ¿Quién la derrite o la bebe?
¿Quién a mi pecho la envía?
¿Quién por mis ojos la llueve?

Camarero
        Sosiégate y, con recato,
si querrás, podrás saber

si es cierto su injusto trato.

Duque
¿Y cómo, cómo ha de ser?

Camarero
Dando licencia a Torcato,
que ya en la sala la espera.

Duque
Entre luego, venga luego.
(Vase el Camarero.) Si es ansí, ¿quién tal creyera?
Si es así, ¿quién estuviera,
como yo, dos veces ciego?

(Entran Torcato y el Camarero.)

¡Torcato!

Torcato
¡Señor!

Duque
Amigo,
sin recelo.

Torcato
Confiado
en esa palabra, digo
que como me vi obligado
a matar un enemigo
que viéndome sin espada,
cuando conmigo riñó,
me dio aquella cuchillada,
iba preocupado yo
cómo hacer una venganza honrada,
y ansí en la calle rondando
de Anselmo, en una ventana
de su casa vi colgando
una escala, y diome gana

de ver el fin, y esperando,
vi luego bajar por ella
un hombre, y como le vi,
sin que alumbrara una estrella,
de lejos no conocí
quién era, y volviendo a vella,
en un punto la subieron
y asombrado me dejaron.

Duque   Si sombras no te engañaron,
mil veces dichosos fueron
pues que por ella bajaron.

Torcato   Si tú gustas de salir
será posible el saber
la verdad.

Duque   Así ha de ser.
Lo que no puedo sufrir
aun no visto, quiero ver.
Ven a la hora que podría
ser mejor.

Torcato   Si a las tres quieres,
será buena.

Duque   ¡Ay, pena mía!
Mal haya el hombre que fía
de honra y lealtad de mujeres.

(Vanse. Salen Culebro y Leonela.)

Leonela   ¡Quién, con ocasión más llana,
de ti pudiera gozar!

108

Culebro   La que tengo es soberana.
                   ¿Hay tal gusto como hallar
                   aquí puerta, allí ventana?
                   Buena hora es ésta.

Leonela   No es mala,
                   entra a esconderte y espera.

Culebro   ¿Qué gusto al mío se iguala?
                   Subir por una escalera
                   y bajar por una escala.

(Salen Camila y Lotario.)

Leonela   Vete, y razones ataja.

(Sin ver a Culebro.)

Camila   Lotario, amigo, señor.

Culebro   Otra pareja. Ventaja
                   nos lleva, porque es mayor.
                   Quiero meterme en baraja.

(Vase Culebro.)

Lotario   ¡Ay, Camila!, mal me trata
                   la sombra de esta quimera,
                   a tus glorias tan ingrata.
                   El Duque, que persevera
                   en tus amores, me mata,
                     que después que oí en su boca
                   aquella razón, me admira,

y con pasión ciega y loca
celo al Sol porque te mira
y al viento porque te toca.

Camila   Cuando el Sol y cuando el viento
traen tu nombre a mis oídos,
y tu gloria al pensamiento,
cuando en todos mis sentidos
solo a ti, Lotario, siento,
    cuando el gusto que te doy
se mide con tu esperanza,
cuando toda tuya soy,
¿con tan poca confianza
me tratas? Corrida estoy
    porque tú debes temer
de la ligereza mía,
que el honor de la mujer
con el mismo a quien le fía
la opinión suele perder.
    Y si éstos tus celos son,
mal de mis cosas arguyes,
pues con tan poca razón
a mi flaqueza atribuyes
la fuerza de la ocasión.

Lotario   Baste, mi bien, el rigor
de tu enojo es temerario.
Ya fío de tu valor,
que aunque es tan fuerte el contrario,
es más fuerte el defensor.
    Y el celarte no es mostrar
que en ti no estoy confiado;
mas quien ama sin celar,
no da apetito al cuidado,

o no sabe qué es amar.
Mas pues arrojan tus cielos
tales rayos de venganza,
desterraré mis desvelos,
colgando en tu confianza
a la vergüenza mis celos.

Camila   Sois mi gloria.

Lotario   Y mi bien vos.

Leonela (Dentro.)   ¡Señora!

Camila   Leonela llama.

Leonela   No hay apartar a los dos.

Camila (Dentro.)   ¿Dónde está Anselmo?

Leonela   En la cama.
                          Ve, que es tarde.

Camila   Adiós.

Lotario   Adiós.

(Vanse. Salen el Duque, el Camarero y Torcato.)

Duque   No vi mayores nublados.

Torcato   Éstas las espaldas son
                          de la casa, y un balcón,
                          también los hierros dorados,
                          del antecámara es

                              donde se toca y compone
                              Camila, y en él se pone
                              la escala.

Duque   Dichosos pies.
                              ¿Adónde podremos ver
                              y esperar mi desventura?
                              Porque noche tan oscura
                              no vi en mi vida ¡Ah, mujer!

Torcato   Bien es estar apartados,
                              que si de arriba nos ven,
                              no bajarán.

Duque   Dices bien.
                              ¡Ay, soles, mal empleados!
                                ¡Ay, apariencia fingida,
                              sordo mar, muda escopeta,
                              que con pólvora secreta
                              me habéis quitado la vida!

(Sale Lotario.)

Lotario   ¡Qué mal descansa con celos
                              un amante! No he podido
                              sosegar.

Duque   ¿Oyes ruido?

(Echan una escala y baja Culebro por ella.)

Culebro   ¿Viste gente?

Leonela   Quedo.

112

Lotario	¡Ay, cielos!
Leonela	¡Ay, que es Lotario!
Lotario	¡Ah, traidora!
Leonela	Y más gente. ¡Ay, Dios! ¿Qué haré?
Lotario	¿Por dónde, por dónde fue?
Camarero	¡Tente!
Lotario	¡Ay, de mí! ¿Qué haré agora?
Duque	¿No es Lotario?
Camarero	Sí, señor. ¿Matarémosle?
Duque	Esperad, que corre mi autoridad peligro, vení. ¡Ah, traidor!
Torcato	¡Que bajase por la escala!
Camarero	Es sin duda
Duque	¡Oh, alevoso! Tú eres mil veces dichoso, Camila mil veces mala.

(Vanse el Duque y los otros, y quédase Lotario.)

Lotario   ¿Qué me ha pasado? ¿Qué es esto?
¿No habló el camarero? Sí.
¿Y el duque no conocí
en mi daño tan dispuesto?
    Él bajó por la escalera,
y esperándolo estarían
los dos que con él venían.
Muera, pues, mi vida, muera.
    Del instrumento cruel
es bien que me ahorque yo;
mas, quien la ocasión me dio,
aun no me deja el cordel.
    Los palos y cordeles,
que son gradas y grados de tu gloria,
no fueron tan crueles
al cuello, como son a la memoria,
donde a falta de soga
me aprieta el palo y el cordel me ahoga.
    ¡Con qué razón temía
de tal competidor las ocasiones!
Yo, ingrata, lo decía,
y tú, tierna a mis quejas, ¿qué razones
mezclaste con tu llanto,
que tanto afligen y engañaron tanto?
    ¡Qué terrible congoja!
¡Qué furioso mortal desasosiego!
¿Qué haré? Todo me enoja,
todo soy pena y llanto y todo fuego,
que este agravio importuno
cuatro elementos ha juntado en uno.
    ¡Qué venganza apercibo!
Viva el duque sin alma y pierda el gusto,
pues que sin alma vivo;
tema Anselmo celoso el trato injusto

y pondrá, si se abrasa,
cerrojos y candados a su casa.
   No le diré, estoy loco,
que he ya gozado su villana esposa,
ni lo que vi tampoco,
mas dejarele el alma temerosa
con decir que la tengo
rendida, y que le aviso y le prevengo.
   Tratará de cerrarla,
que ni la mire el Sol ni toque el viento,
y no podrá gozarla
nadie, ni aun yo. ¡Extraño pensamiento!
Que cosa tan querida
más bien está dejada que partida.
   ¡Pero qué divertido
me tienen los rigores de estos celos!
El Sol recién nacido
tiende su capa por los anchos cielos,
y yo en la calle espero.
Voy a matar, pues que rabiando muero.

(Vase, y sale Anselmo con dos criados, todos vestidos de cazadores.)

Anselmo   ¿Está todo apercebido?

Criado I   Los caballos con sus sillas,
                    los perros en sus traíllas.
                    ¿Que Lotario no ha venido?

Criado II   No, tarda.

Anselmo   Venir podría,
                    porque el día no se pierda.
                    La caza es locura cuerda

cuando es apacible el día.
    Mas si es áspero, y después
se cierra la noche oscura,
sin duda que la locura
más necia del mundo es.

(Sale Lotario.)   Lotario, ¿se os ha olvidado
el concierto para hoy?

Lotario   En otras cosas estoy
desde anoche desvelado.

Anselmo   ¿Qué cosas?

Lotario   Manda salir
los criados.

Anselmo   Salíos fuera.
(Vanse los criados.)   Decid.

Lotario   Al cielo pluguiera
que muriera sin decir.
    Toda la noche he dudado
si os diría lo que os digo,
pero el ser piadoso amigo
se ha rendido al serio honrado.
    Sabed que vuestra mujer...

Anselmo   Lotario, espera, ¿qué siento?
Déjame tomar aliento.

Lotario   También lo he yo menester.

Anselmo   Di.

116

Lotario	Ya digo.
Anselmo	¡Ay, Dios! ¿Qué es esto? No digas...
Lotario	Tu gusto hago.
Anselmo	Mas si es de la muerte el trago, mejor es pasarlo presto. Di, amigo.

Lotario	Ya tu esposa
	se ha rendido a mis porfías.
	Vila andar algunos días
	entre amante y recelosa,
	    y siempre te lo he callado,
	por pensar que era ilusión,
	hasta ver su corazón
	en tu ofensa declarado.
	    Entre ciegos desvaríos
	me ha ofrecido sus despojos,
	mas porque vean tus ojos
	si se engañaron los míos,
	    pues ya te habrás despedido
	para partirte a cazar,
	mira si tienes lugar
	por dónde ver escondido
	    cómo me espera tu esposa
	en tu cama...

Anselmo	¡Ay, desventura!
Lotario	...dando causa a su locura tu impertinencia curiosa.

Y perdona si llegó
a esto el mal que te condena,
que la culpa de esta pena
tú la tienes y no yo.

Anselmo   Lotario, tú has procedido
como amigo tan honrado,
y yo —iay, triste!— he procurado
la afrenta en que me he perdido.
    Mas yo mismo la he de ver
y acabarme de matar.

Lotario   Pues di que vas a cazar
y vete luego a esconder.

Anselmo   Yo voy, Lotario, yo voy
a morir en esta guerra,
si antes no impide la tierra
los muertos pasos que doy.

(Vase Anselmo.)

Lotario   iAy de mí, ya estoy cobarde
advirtiendo que estoy ciego!

(Sale Leonela.)

Leonela   Lotario, temblando llego
por pensar que llego tarde.
    Aunque no pienso de ti
que tan cruel hayas sido,
que tras haberte servido
en tus amores de mí,
    mis servicios olvidados

le hayas dicho a mi señor
mis yerros, que son de amor,
aunque no son tan dorados.
   Lo que te suplico agora,
si es que tan cuerdo anduviste,
es que lo que anoche viste
no lo sepa mi señora.

Lotario	¿Cómo? ¡Ay, suerte rigurosa!
(Sale Culebro.)	¿Qué queréis, Culebro vos?

Culebro	Oye, señor, a los dos,

que es todo una mesma cosa.
   De tu discreción no siento
que nunca de ver te alteres
desenvoltura en mujeres
y en hombres atrevimiento.
   Y así no te habrá ofendido,
si cuando amor nos desvela,
la desenvuelta es Leonela
y yo soy el atrevido.
   En su aposento me esconde,
donde al entrar puedo ir,
pero más tarde, el salir
por fuerza ha de ser por donde
   viste que anoche salía,
y por la escala bajaba.

Lotario	¿Tú fuiste? ¡Desdicha brava!

Yo soy el que no sería.
   Yo estuve sin seso, ¡ay, cielos!
¡Oh, celos, pena infernal!
¡Desventura general
de la tierra son los celos!

Leonela	¿Qué dices?
Lotario	Perdido soy.
Culebro	¿Qué tienes?
Lotario	Muerto me hallo. Que me ensillen un caballo di en mi casa. Ve.
Culebro	Ya voy.
Lotario	Y yo te diré después a qué efeto le prevengo.
Culebro	¿Uñas pides? Uñas tengo en las manos y en los pies.
Lotario	Pero en la sala me espera, que viene Camila agora.

(Sale Camila.)

Camila	¡Lotario!
Lotario	Mi bien, señora, porque rabiando no muera, dame una muerte piadosa. Mátame con este acero.
Camila	¿Qué dices? Mi bien, yo muero de verte.

Lotario	Camila hermosa,
	ya no permiten los cielos
	que haya remedio en mis daños.
	Unos visibles engaños
	me dieron mortales celos.
	Ceguéme, tocó a rebato
	en el alma su rigor
	y supo Anselmo tu amor.

Camila   ¿Y ha sabido nuestro trato?

Lotario   Solo el amor ha sabido
                que nos tenemos los dos.

Leonela   ¡Guay de mí!

Camila   ¡Válame Dios!

Lotario   Y en tu retrete escondido
                espera ver, desde allí,
                lo que yo le aseguré.

Camila   Gran pensamiento encontré,
                no te aflijas.

Lotario   ¿Cómo así?

Camila   Remediaré tus locuras
                y mis desdichas también.

Lotario   ¿De qué suerte?

Camila   Escucha, ven,
                Leonela.

Lotario   ¿A qué te aventuras?

Camila   Dime bien lo que ha pasado,
diréte lo que has de hacer.

Leonela   ¡Qué no puede una mujer
cuando quiere!

Lotario   ¡Ah, desdichado!

(Vanse y sale Anselmo.)

Anselmo   A ver mi afrenta y mi daño
¿dónde me podré esconder?
¡Qué ciego voy! ¿Qué he de hacer?
Pero aquí, si no me engaño,
  hay un hueco en la pared,
de una de estas colgaduras
cubierta. Paredes duras,
de enternecidas caed,
  porque según llego a verme
de congoja y de dolor,
pienso que fuera mejor
enterrarme que esconderme.
  Mas ya en mis penas extrañas
las paredes sin sentidos,
para que les diese oídos
debieron de darme entrañas.

(Salen Camila y Leonela.)

Leonela   Señora, ¿que tal rigor
te obliga y tal pensamiento?

Es grande el atrevimiento.

Camila   También es grande el valor.
       Favor me da y no consejo.
       Llama a Lotario.

Anselmo (Aparte.)   (Estoy loco.)

(Todo lo dice Anselmo aparte y escondido.)

Leonela   Espera, sosiega un poco.

Camila   Déjame ya.

Leonela   Ya te dejo.

Camila   ¿Qué ha visto Lotario en mí,
       aunque me adoró tres años?
       Para sus nuevos engaños,
       ¿qué nueva ocasión le di?
       ¿Viome liviana? ¿Soy loca?
       ¿Halló puerta en mi enojos
       el hechizo de sus ojos
       y el encanto de su boca?
       ¿No sabe el ser y el valor
       de mi esposo, a quien adoro?
       ¿Y no ve que es su decoro
       el sagrado de mi honor?

Anselmo (Aparte.)   (¡Ay, cielo!)

Camila   ¿En qué confianza
       ha su locura fundado?

Anselmo (Aparte.)	(¡Cómo, ya desesperado, vuelvo a tener confianza!)
Leonela	Con todo es mucha crueldad. ¿El decírselo a tu esposo no es mejor?
Camila	De este alevoso es hechizo la amistad, y tanto en ella y en él confía su pasión loca, que no pude con mi boca acreditar un papel, y si otra vez se lo digo me dirá que son antojos.
Leonela	Haz que lo vean sus ojos.
Camila	¿No adviertes a qué le obligo? ¿Ponerle en tal ocasión, si le adoro, he de querer? Por mi mano he de romper las alas de un corazón que las dio a tan mal deseo.

(A Camila.)

Leonela	¡Qué bien finges! ¡di más, di!
Anselmo (Aparte.)	(A mi desdicha creí y a mi ventura no creo.)
Camila	Corre, llama a ese traidor, vuela.

Leonela	Mira que te ciegas.
Camila	De las romanas y griegas hoy oscurezco el valor. Ve y llámale con presteza.
Leonela	Habré de seguir tu antojo.

(Vase Leonela.)

Camila	Porque si pasa el enojo, no desmaye la flaqueza. Hoy mi esposo y enemigo con este acero han de ver, escrito en sangre, qué es ser fiel esposa y falso amigo. Y quitaré de este modo a mi Anselmo, en recompensa, el peligro de la ofensa y el de la venganza, y todo, que le adora el alma mía y a todo se ha de obligar.
Anselmo (Aparte.)	(Acabábame el pesar y acábame el alegría.)

(Salen Lotario y Leonela.)

Lotario	¿Qué suerte puede haber hecho camino por donde vaya?...
Camila	En pasando de esta raya tengo de pasarte el pecho...

(Hace la raya con la daga en el suelo.)

Lotario   ¿Qué te ha podido ofender?

Camila   ...que aunque aquí verás mejor,
                     en materia de mi honor,
                     cuán alta la puedo hacer,
                         escúchame desde ahí.

Lotario   ¿Qué te escucho? ¿Cómo agora?
                     ¿No me llamaste, señora?

Camila   No te turbes, oye.

Lotario   Di.

Anselmo (Aparte.)   (Porque algún mal no suceda
                     saldré. Mas no puede ser,
                     porque una flaca mujer
                     no hay que temer que matar pueda.)

Camila   Lotario, Anselmo ¿es tenido
                     por honrado?

Lotario   Así es verdad.

Camila   ¿Fue fingida su amistad?

Lotario   La mayor parte del mundo ha sido.

Camila   Y yo, en él ¿no soy tenida
                     por honrada?

Lotario	Sí, señora.
Camila	¿Dite ocasión?
Lotario	Solo agora.
Anselmo (Aparte.)	(¡Ay, Camila de mi vida!)
Camila	¿Antes de ella tus antojos

no hallaron de cuerda boca
desengaños en mi boca?
¿Pudo engañarte, en tus ojos?
    Cuando no sirviera el ver
lo que a tu honor le obligaba
mi marido, ¿no bastaba
el serlo de tal mujer?
    Mira si es bien que castigue, con
mano justa y violenta,
quien honrado amigo afrenta
y honrada mujer persigue.
    Para esto pues te llamé.
Éstos serán mis abrazos.

Lotario	¡Señora!
Camila	¡Suelta los brazos!
Lotario	Oye, tente.
Camila	¡Sueltamé!

Leonela, ayuda.

Lotario	Extrañeza

es la tuya.

Camila	Y tú eres vil. ¡Ah, flaqueza mujeril, sacad fuerzas de flaqueza!
Anselmo (Aparte.)	(¿Quién tal mujer ha tenido?)
Lotario	Tente.
(A Lotario.)	
Camila	Llega, abrazamé. Por decir que te abracé delante de mi marido. Ya se cansaron los bríos, ¿que dirán...
(A Camila.)	
Lotario	Dulces abrazos.

Camila	....que me desmayo en tus brazos,
	cuando te matan los míos?
	    Déjame, y pues mi esperanza
	no logré, a mi corazón
	le daré satisfacción
	de que no tomé venganza.
	    Pues para matarte a ti
	mi valor faltado ha,
	mayor hazaña será
	matarme por ello a mí.

Leonela	¡Tente, señora!

Lotario	¿Qué es esto?
	¿Quién tal imaginara?

(Sale Anselmo.)

Anselmo (Aparte.)	¡Mi bien! (Ella se matara
	si no llegara tan presto.)
Camila	Anselmo, esposo, ¿aquí estás?
Anselmo	Donde bendigo a mi suerte.
Camila	¿A mí me excusas la muerte
	y a Lotario no la das?
	Del más infame contrario
	pasa el pecho con la espada.
Anselmo	Para no estar engañada,
	tú verás quién es Lotario.
	Dame los brazos y el pecho,
	y tú lo mesmo has de hacer.
	En esto echarás de ver
	si es culpado en lo que ha hecho.
Camila	Y la poca confianza
	veo, que de mí tuviste.
Lotario	Y que a mí traidor me hiciste.
Anselmo	¡Fue con tan buena esperanza!
	Queda en paz, Camila mía.
Camila	¿Así me quieres dejar?

Anselmo	Con Lotario celebrar
	tus alabanzas querría.
(Aparte.)	(¡Qué bien logrado deseo!)
Lotario (Aparte.)	(¡Qué bien empleado engaño!)
Camila (Aparte.)	(¡Qué buen remedio a mi daño!)
Leonela (Aparte.)	(Yo lo he visto y no lo creo.)

(Vanse Anselmo y Lotario.)

Camila	Ni yo creyera que así
	me obligara tu cautela.
	¿Has visto, has visto, Leonela,
	en qué me he visto por ti?
	Muerto tuve el corazón
	y aun tengo el alma en la boca,
	que de tu vergüenza poca
	éstas las reliquias son.
	Villana, ¿a tu infame amigo
	por mi aposento has de entrar?
	De vida puedes mudar
	si has de pasarla conmigo.
	No hay pensar que sigas más
	tan afrentoso cuidado.
Leonela	¿Tan buen ejemplo me has dado
	que tanta culpa me das?
	¿Tú ofendiendo a tu marido
	no te sabes conocer,
	y en quien mío lo ha de ser
	tan grande la ofensa ha sido?

Camila	¡Oh, villana mal nacida!
(Dale un bofetón.)	Pondré vergüenza en tu cara,
	y si mi honor no mirara,
	yo te quitara la vida.
Leonela	Esta merced esperaba
	quien tal señora servía.
Camila	Quien de sus criadas fía,
	de señora se hace esclava.
Leonela	Pues que tu cordura es tan poca,
	sabré decir mi razón.
Camila	Si hablas, el corazón
	te sacaré por la boca.

(Vase Camila.)

Leonela	Tú verás, pues soy mujer,
	si mi agravio sé vengar.

(Sale Anselmo.)

Anselmo	No hay más gusto que esperar,
	ni más glorias que tener.
Leonela	Ya tengo ocasión de hacello.
	Furiosa estoy, estoy loca.
Anselmo	Pues al pescuezo la toca
	y por la espalda el cabello,
	¿qué tienes, que voces das?

Leonela	Si me aseguras primero, la verdad decirte quiero.
Anselmo	Sí, aseguro.
Leonela	¿Dónde vas?
Anselmo	El gran duque me ha llamado, y con priesa voy allá.
Leonela	¿Y tu esposa dónde está?
Anselmo	Con Lotario la he dejado.
Leonela	Apenas habrás salido de casa, cuando los dos te ofendan.
Anselmo	¡Válgame Dios! ¿Qué dices?
Leonela	Que fue fingido cuanto viste en tu aposento. Fue traición y fue cautela.
Anselmo	Mira qué dices, Leonela, si adviertes bien lo que siento.
Leonela	Finge salir de tu casa, si crédito no me das, y vuelve luego y verás adónde tu honor se abrasa.
Anselmo	Yo voy ¿Qué hacer?

Leonela	Por aquí.
Anselmo	¡Ay, mudanzas de Fortuna!
Leonela	Ésta es la puerta.
Anselmo	Ninguna queda abierta para mí. Voy sin alma, voy perdido.
Leonela	¡Qué ciego va y qué turbado! ¡Jesús!
Anselmo	Pues he tropezado en la puerta, habré caído.

(Vase Anselmo y sale Culebro.)

Culebro	¿Qué es esto, mi vida?
Leonela	Ya no hay «mi vida».
Culebro	¿Qué ha pasado?
Leonela	Todo estaba remediado y todo perdido está. Yo fui causa de este efeto, y ya estoy arrepentida.
Culebro	¿Cómo?
Leonela	Loca de ofendida

he descubierto el secreto.
Dije a Anselmo lo que pasa,
y que se fue habrá fingido
de casa, y si se ha escondido,
tiene de arderse esta casa.

Culebro   ¿Qué hiciste, Leonela? ¡Ay, triste!
Para tanto mal conviene
remedio.

Leonela   Ninguno tiene.

Culebro   ¿Qué hiciste, loca, qué hiciste?

Leonela   Con penas lo estoy pagando.

Culebro   ¿Podrá remediarse agora?

Leonela   ¿Cómo, si ésta es la hora
que quizá se están matando?

Culebro   No sé lo que pueda hacer
debajo de las estrellas.
Alabardas son aquellas
el gran duque debe ser.
Quiero avisarle, y si puedo,
con hacerlo daré modo
de que no se pierda todo.

(Vase Culebro.)

Leonela   Muerta me dejas de miedo.
Nunca ser me hubieran dado,
pues tan villana he nacido.

¡Que tan sin seso haya sido
quien tanto mal ha causado!

(Hay ruido dentro de espadas y hablan Anselmo, Lotario y Camila dentro.)

Camila   ¡Jesús!

Anselmo   ¡Amigo alevoso!
               ¡Y tú, adúltera insolente!

Camila   ¡Jesús mío!

Lotario   ¡Anselmo, tente!
               ¡El defenderme es forzoso!

(Sale Camila sin chapines y descompuesta cabello y ropa.)

Camila   ¡Ay, infelice mujer!
               ¿Por dónde podré escaparme?
               ¿De qué ventana arrojarme
               y en qué profundo caer?

(Salen los dos diciendo esto.)

Anselmo   Lotario, muerto me has,
               pero muerto he de matarte.

Lotario   No me sigas.

Anselmo   Alcanzarte
               quisiera, y no puedo más
                     Mas... yo la culpa he tenido.

(Cáese.)

Lotario   Ven, Camila.

(Salen el Duque, la Duquesa, alabarderos, y todos, hombres y mujeres que
hubiere, y el Camarero.)

Duque   Tente.

Camarero   Tente.

Duque   Matalde.

Anselmo   No, Duque mío,
                oíd primero.

Duque   Prendedle.

Anselmo   Era Lotario mi amigo,
                y, celoso impertinente,
                en la ocasión que les di
                despeñáronse. Afrenteme.
                Que Camila ni Lotario
                no son bronce ni son nieve.
                Fue siempre mi grande amigo,
                y el darme agora la muerte
                fue la mayor amistad
                que en su vida pudo hacerme.
                Y, pues mi culpa conozco,
                y me imagino de suerte
                que por el alma no salga,
                me importa apretar los dientes,
                para morir consolado
                de vuestras altezas. Denme
                palabra que han de cumplir

	lo que en su presencia ordene.
Duque	Yo la doy.
Duquesa	Y yo también.
Anselmo	Cúmplase inviolablemente.
Duque	Yo lo juro.
Duquesa	Y yo lo juro.
Anselmo	Es, señor, que de mi muerte
	alcance el perdón Lotario,
	para que después hereden
	él y Camila, casados,
	como mis gustos, mis bienes.
	¿Dáisme esa palabra?
Duque	Sí.
Anselmo	Yo muero. ¡Jesús mil veces!
	Camila, Lotario... adiós.
Duque	Ya es muerto, no hay quien no quede
	con extraña admiración.
Duquesa	Hasta los cielos la tienen.
Camila	Mal haya mil veces yo,
	que tuve culpa en su muerte.
Lotario	¡Oh amigo más verdadero
	que se ha visto entre las gentes,

quién no te hubiera ofendido!
Mas la culpa tú la tienes.

Duque   Y yo quiero, en este punto,
para que memoria quede
de este suceso a los hombres,
que se cumpla puntualmente
lo que sobre mi palabra
ordenó Anselmo que hiciese.
Dale a Camila la mano.

Lotario   Pues ya remedio no tiene,
yo la doy.

Camila   Y yo la tomo
porque me anime y consuele.

Leonela   Y tú y yo, ¿nos casamos?

Culebro   Aunque a todo el mundo pese.
Y aquí la comedia acaba
del Curioso impertinente.

Fin de la comedia

Libros a la carta

A la carta es un servicio especializado para
empresas,
librerías,
bibliotecas,
editoriales
y centros de enseñanza;
y permite confeccionar libros que, por su formato y concepción, sirven a los propósitos más específicos de estas instituciones.

Las empresas nos encargan ediciones personalizadas para marketing editorial o para regalos institucionales. Y los interesados solicitan, a título personal, ediciones antiguas, o no disponibles en el mercado; y las acompañan con notas y comentarios críticos.

Las ediciones tienen como apoyo un libro de estilo con todo tipo de referencias sobre los criterios de tratamiento tipográfico aplicados a nuestros libros que puede ser consultado en Linkgua-ediciones.com.

Linkgua edita por encargo diferentes versiones de una misma obra con distintos tratamientos ortotipográficos (actualizaciones de carácter divulgativo de un clásico, o versiones estrictamente fieles a la edición original de referencia).

Este servicio de ediciones a la carta le permitirá, si usted se dedica a la enseñanza, tener una forma de hacer pública su interpretación de un texto y, sobre una versión digitalizada «base», usted podrá introducir interpretaciones del texto fuente. Es un tópico que los profesores denuncien en clase los desmanes de una edición, o vayan comentando errores de interpretación de un texto y esta es una solución útil a esa necesidad del mundo académico.

Asimismo publicamos de manera sistemática, en un mismo catálogo, tesis doctorales y actas de congresos académicos, que son distribuidas a través de nuestra Web.

El servicio de «libros a la carta» funciona de dos formas.

1. Tenemos un fondo de libros digitalizados que usted puede personalizar en tiradas de al menos cinco ejemplares. Estas personalizaciones pueden ser de todo tipo: añadir notas de clase para uso de un grupo de estudiantes, introducir logos corporativos para uso con fines de marketing empresarial, etc. etc.

2. Buscamos libros descatalogados de otras editoriales y los reeditamos en tiradas cortas a petición de un cliente.

www.ingramcontent.com/pod-product-compliance
Lightning Source LLC
LaVergne TN
LVHW091221080426
835509LV00009B/1112